Denk doch, wie du willst

ÜBERRASCHENDE EINBLICKE
VON DEUTSCHLANDS
WICHTIGSTEN ÖKONOMEN

© Süddeutsche Zeitung GmbH, München
für die Süddeutsche Zeitung Edition 2016
2. überarbeitete Auflage 2016

Projektleitung: Sabine Sternagel
Art Direction und Covergestaltung: Stefan Dimitrov
Innengestaltung: Sibylle Schug
Herstellung: Thekla Licht, Hermann Weixler
Druck und Bindearbeiten: Westermann Druck Zwickau GmbH, Zwickau
Printed in Germany
ISBN: 978-3-86497-340-6

HERAUSGEGEBEN VON MARC BEISE, CATHERINE HOFFMANN UND ULRICH SCHÄFER

Denk doch, wie du willst

ÜBERRASCHENDE EINBLICKE VON DEUTSCHLANDS **WICHTIGSTEN ÖKONOMEN**

Süddeutsche Zeitung Edition

INHALT

AUF WEN ES ANKOMMT

Fürs Regieren, hat Gerhard Schröder in seiner Zeit als Bundeskanzler gesagt, brauche er bloß *Bild* und Glotze. Mehr nicht. Und wenn es um die Ökonomie geht? Reichen da auch *Bild* und Glotze? In mancher Hinsicht schon: Denn was die Deutschen über ihre Ökonomen denken, das wird vor allem durch die Medien bestimmt. Wer dort auftaucht und zitiert wird, der prägt, was die Bundesbürger über die Wirtschaft denken.

Nur: Es sind am Ende einige wenige Wirtschaftswissenschaftler, die immer wieder in den Talkshows sitzen, die immer wieder in den Abendnachrichten zu sehen sind und die immer wieder Schlagzeilen machen. Auch große Schlagzeilen. Einer von ihnen, Hans-Werner Sinn, ist nun abgetreten, als Präsident des Ifo-Instituts in München, das er 17 Jahre geführt hat.

Doch in Wahrheit ist die Welt der Ökonomik in Deutschland sehr viel bunter, breiter und vielfältiger, als es der Öffentlichkeit erscheint. Es gibt im Land der Sozialen Marktwirtschaft nicht die Ökonomik schlechthin, die eine Linie, den großen Mainstream, in dem alle mehr oder weniger mitschwimmen. Sondern die mehr als 5000 Ökonomen, die es an den Hochschulen, in Unternehmen und Behörden, bei Verbänden und Nichtregierungsorganisationen hierzulande gibt, vertreten ein sehr viel größeres Spektrum an Meinungen, als man gemeinhin denkt.

Und sie beschäftigen sich mit weit mehr Themen, als es ein Großteil der Öffentlichkeit wahrnimmt: Sie befassen sich nicht bloß mit der Euro-Krise, mit der Konjunktur oder dem Arbeitsmarkt. Sondern sie forschen, denken und publizieren zu allem, was unser Leben ausmacht: Familie und Bildung, Empathie und

Gefühle, Menschen und Mäuse. Mäuse? Ja, wirklich: Der Bonner Verhaltensökonom Armin Falk setzt die Mäuse (und leibhaftige Menschen) in seinen Experimenten ein, in denen er untersucht, wie wir unter Stress Entscheidungen treffen. Mit Spielerei hat das nichts zu tun. Die Verhaltensökonomik zählt zu den spannendsten Feldern der Wirtschaftsforschung, weil sie das gestrenge Theoriegebäude aufbricht und die Ökonomie für andere Wissenschaften öffnet, für die Sozial- und Neurowissenschaften zum Beispiel.

„Nichts ist spannender als Wirtschaft", hat ein deutsches Wirtschaftsmagazin einst geworben. Wir zeigen mit diesem Buch: Nichts (oder fast nichts) ist spannender als die Wirtschaftswissenschaft. Erst, wenn man sich auf sie einlässt, genau hinschaut und sich mit dem beschäftigt, was Ökonomen hierzulande alles erforschen und an Ratschlägen für unser Leben und die Politik entwickeln. Die Ökonomie ist mehr denn je keine Wissenschaft für den Elfenbeinturm, sondern eine, deren Rat gefragt und nötig ist, um in einer globalisierten, digital vernetzten Welt die richtigen Entscheidungen für unsere Zukunft zu treffen.

Nachdem die allseits bekannten Ökonomen abtreten, werden künftig aber andere Vordenker die Debatte prägen beziehungsweise – da einige von ihnen ja schon bekannt sind – dies noch öfter tun: die öffentliche, aber auch die wissenschaftliche Debatte. Wir stellen in diesem Buch deshalb 36 Ökonomen vor, die aus Deutschland stammen oder hier arbeiten, und auf die es in den nächsten Jahren ankommen wird. Manche von ihnen sind erst Anfang 30, andere Anfang 40, keiner und keine aber – dies war für uns das Kriterium – ist älter als 50.

Diese Generation, die nun in den Fokus rückt, denkt in vielerlei Hinsicht pragmatischer und weniger orthodox als ihre Vorgänger. Sie ist offener für neue Einflüsse, neue Ideen und Sichtweisen. Das gilt für jene, die wie der Duisburger Sozialökonom Till van Treeck für mehr Vielfalt in der Ökonomie kämpfen, für jene, die sich wie Nora Szech dem Marktdesign widmen, aber auch für jene, die – wie Clemens Fuest, der neue Ifo-Präsident, und Marcel

Fratzscher, der Präsident des DIW – nun um den inoffiziellen Titel „Deutschlands wichtigster Ökonom" buhlen.

Dieser Pragmatismus lässt sich auch in Zahlen messen: Als die *Süddeutsche Zeitung* im Sommer 2015 gemeinsam mit dem Internetportal wirtschaftswunder.de, und unterstützt vom Verein für Socialpolitik, Deutschlands Ökonomen nach ihren Meinungen und Einstellungen befragte, kam ein sehr vielfältigeres Meinungsbild heraus, als bei der letzten großen Umfrage dieser Art fünf Jahre zuvor (www.sz.de/oekonom). Mehr als tausend Ökonomen antworteten damals auf einen detaillierten Fragebogen, und, anders als öffentlich wahrgenommen, predigen die meisten deutschen Wirtschaftswissenschaftler eben nicht stur eine rigide Stabilitätspolitik oder fordern die größtmögliche Deregulierung aller Märkte. Auch was die lockere Geldpolitik anbelangt, sind längst nicht alle kritisch; die meisten hießen damals den Kurs der Europäischen Zentralbank gut. So lässt sich das für viele andere Punkte durchdenken.

Die deutschen Ökonomen, lautete damals die übergeordnete Erkenntnis in unserer Berichterstattung, „sind sehr viel amerikanischer, als zu vermuten wäre". Aber warum merkt das keiner? Die Antwort damals in der SZ: „Nur wenige treten öffentlich auf und prägen das Image". *Bild* und Glotze.

Wir haben diesen Punkt damals in der Wirtschaftsredaktion der *Süddeutschen Zeitung* intensiv diskutiert und daraufhin beschlossen, 36 Ökonomen vorzustellen, auf die es in den nächsten Jahren ankommt. Darunter sind jene Handvoll, die besonders viel öffentlich auftreten; aber auch jene, die das nicht tun, aber auf die es vielleicht umso mehr ankommt, weil sie sich mit wegweisenden Fragen beschäftigen und durch ihr Forschen die Zukunft ihres Fachs prägen.

Möge dieses Buch dazu beitragen, dem Leser diese Ökonomen und ihre Arbeit nahezubringen – Pars pro Toto auch für jene, die in unserer subjektiven Auswahl (vielleicht zu Unrecht) nicht vorkommen, die aber dennoch hervorragende Arbeit leisten. Auch auf sie kommt es an. *Ulrich Schäfer*

Wirtschaft von oben

MAKROÖKONOMIK
UND KONJUNKTURFORSCHUNG

AUS DER VOGELPERSPEKTIVE

*Die theoretischen Grundlagen der Makro-
ökonomie waren und sind umstritten.
Trotzdem sind die meisten Fragen, die Politiker
und die Öffentlichkeit an Volkswirte
haben, makroökonomischer Natur. Das Feld
entwickelt sich gerade rasant weiter.*

Irgendwo in weiter Ferne liegt ein Land namens „Eden". Dessen Einwohner zeichnen sich dadurch aus, dass sie nur ein einziges Produkt herstellen: Bananen. Eines Tages beschließen die Bürger Edens, ihren Wohlstand zu mehren. Sie sparen, was bedeutet, sie essen weniger Bananen, um zu investieren, in der Hoffnung, in Zukunft einmal mehr Bananen essen zu können. Logische Folge dieser Entscheidung zu sparen ist es, dass die Nachfrage nach Bananen zurückgeht und die Preise sinken. Weil sich aber Arbeiter in Eden verständlicherweise gegen sinkende Löhne wehren – so wie dies auch in den meisten modernen Volkswirtschaften der Fall ist –, bleiben die Bananen-Unternehmer auf ihren Kosten sitzen und machen Verluste. Sie müssen Arbeiter entlassen, um ihr Angebot an die niedrigere Nachfrage anzupassen. Die stehen nun ohne Arbeitseinkommen da und sind gezwungen, ebenfalls zu sparen. Die Nachfrage nach Bananen sinkt also weiter. Am Ende rutscht Eden in eine schwere Rezession.

Das ist die berühmte „Bananen-Parabel", die John Maynard Keynes 1930 in seinem „Treatise on Money" aufgeschrieben hat. Keynes wollte damit mitten in der Weltwirtschaftskrise illustrieren, was er das „Spar-Paradoxon" nannte: Ein Verhalten, das aus der Sicht eines einzelnen Haushalts richtig ist – „Spare in der Zeit, dann hast Du in der Not" –, kann gesamtwirtschaftlich falsch sein und alle Beteiligten ärmer statt reicher machen.

Die Bananen-Parabel führt direkt in die Frühzeit der modernen Makroökonomik. Die Entstehung dieser Wissenschaft, so wie wir sie heute kennen, ist tatsächlich eng mit Keynes und der Weltwirtschaftskrise verbunden. Der ebenso geniale wie unorthodoxe Ökonom stellte viele Glaubenssätze der zu seiner Zeit unangefochtenen neoklassischen Ökonomie auf den Kopf. Während des Zweiten Weltkrieges erhielt er als informeller Finanzminister des Vereinigten Königreichs die Chance, seine Ideen in der Praxis zu testen. Als Star der Konferenz von Bretton Woods im Juli 1944 arbeitete er am Entstehen der Währungsordnung der Nachkriegszeit mit. Und bis in die Gegenwart hinein haben die meisten Kontroversen um die richtige Finanz- oder Geldpolitik in ihrem Kern irgendetwas mit Keynes zu tun.

Makroökonomie – das ist die Lehre von den gesamtwirtschaftlichen Zusammenhängen. Ein Makroökonom fragt nicht nach der Entwicklung des Preises einer Ware, sondern nach Größen wie dem Bruttoinlandsprodukt, der Arbeitslosigkeit, der Inflation oder dem Exportüberschuss. Die meisten Fragen, die Politiker oder die breite Öffentlichkeit an Volkswirte haben, sind makroökonomischer Natur: Wie werden sich die vielen Flüchtlinge auf die Konjunktur auswirken? Ist die Lohnforderung der IG Metall zu hoch? Sollte Deutschland seine Staatsausgaben ausweiten, um die Wirtschaft in der gesamten Euro-Zone zu beleben? Meist gibt es auf diese Fragen mehrere Antworten. Schon Winston Churchill klagte: „Wenn du drei Ökonomen fragst, bekommst du vier Antworten, zwei darunter von Professor Keynes."

Makroökonomische Fragen sind fast immer strittig. Und das Thema, das Keynes umtrieb – kommt man mit Sparen aus der Krise oder gerät man nur weiter hinein –, ist heute aktueller denn je. Als Griechenland 2010 am Rande der Pleite stand, halfen ihm die EU, die Europäische Zentralbank und der Internationale Währungsfonds mit Milliardenkrediten. Sie verlangten aber einen hohen Preis: ein Spar- und Reformprogramm, das der Bevölkerung immense Opfer aufbürdete. Das Programm widersprach nicht völlig den Lehren von Keynes – auch ein lupenreiner Keynesianer muss verhindern, dass, um ein Beispiel zu nennen, der Staatshaushalt eines Landes von den Subventionen für die Rentenversicherung aufgefressen wird. Aber der Zeitablauf und die konkrete Umsetzung waren hochproblematisch. Jedenfalls äußerte der IWF 2013 Selbstkritik, und zwar mit einem klassischen makroökonomischen Begriff: Man habe den „Staatsausgaben-Multiplikator" unterschätzt. Auf Deutsch: Die Kürzung der Staatsausgaben hat der griechischen Gesamtwirtschaft mehr geschadet, als man erwartet hatte. Gleichzeitig blieben die Reformen aus, die den Wiederaufstieg des Landes bewirken sollten.

Die Makroökonomie ist seit dem Zweiten Weltkrieg vor allem in Großbritannien und den Vereinigten Staaten groß geworden. Maßgeblich waren dabei die Keynes-Schüler Alvin Hansen aus Harvard und Sir John Hicks aus Oxford. Der Hansen-Schüler Paul Samuelson versuchte eine Synthese aus der herkömmlichen neoklassischen Ökonomie und den Lehren von Keynes. Sein Lehrbuch „Volkswirtschaftslehre" prägte eine ganze Generation von Wirtschaftsstudenten. Den ersten Nobelpreis für Wirtschaftswissenschaften teilten sich 1969 die beiden Makroökonomen Ragnar Frisch und Jan Tinbergen.

Nach Deutschland kam die Makroökonomie mit Verspätung. Die geistigen Väter der sozialen Marktwirtschaft, besonders die Ökonomen der Freiburger Schule um Walter Eucken, beschäftigten sich kaum mit gesamtwirtschaftlichen Größen, sondern vielmehr mit Ordnungspolitik. Der erste Bundeswirtschaftsminister Ludwig Erhard hielt wenig von Keynes und betrieb lieber eine „Konjunkturpolitik der leichten Hand": Wenn eine Überhitzung der Wirtschaft drohte, öffnete er die Bundesrepublik ein Stück weiter für die Konkurrenz aus dem Ausland. In den Wirtschaftswunderjahren funktionierte das noch. Erst mit der ersten (vergleichsweise sehr leichten) Rezession der Bundesrepublik 1966/67 hielt die Makroökonomik in Bonner Amtsstuben und an den Universitäten Einzug. Erbe dieser Zeit ist das Stabilitäts- und Wachstumsgesetz von 1967. Auch, dass der Bundesfinanzminister jedes Jahr einen Finanzplan und der Bundeswirtschaftsminister einen Jahreswirtschaftsbericht vorlegen muss, wurde damals in Bonn beschlossen.

Die theoretischen Grundlagen der Makroökonomie waren und sind umstritten. Die Liebesgeschichte der Bundesrepublik mit Keynes hatte kaum begonnen, da brach im Herbst 1973 die erste Ölkrise aus. Es zeigte sich, dass deren verheerende Folgen für die Industrieländer nicht so einfach mit Konjunkturprogrammen nach den Ideen von Keynes zu bekämpfen waren. Die Volkswirtschaften litten unter „Stagflation", also hoher Inflation plus hoher Arbeitslosigkeit plus niedrigem Wachstum. Damit musste das keynesianische Konzept der Phillips-Kurve eingemottet werden, nach dem Wirtschaftspolitiker die Option haben, um den Preis höherer Inflation die Arbeitslosigkeit zu senken. Die Zeit nach der Ölkrise zeigte, dass es diese Option nicht gibt, jedenfalls ist sie längst nicht so zuverlässig, wie man noch in den 1960er-Jahren dachte.

Jetzt wurden die Kritiker von Keynes Meinungsführer: Milton Friedman, Robert Lucas und Robert Barro. Friedman erhielt den Wirtschafts-Nobelpreis 1976, Lucas bekam ihn 1995, und zwar für seine Theorie der „Rationalen Erwartungen". Nach dieser Theorie funktioniert keynesianische Politik nur, wenn die Menschen sich der „Geldillusion" hingeben. Wenn sie dagegen „rational" erwarten, dass mehr Schulden und/oder mehr gedrucktes Geld in der Zukunft zu mehr Inflation führen werden, dann stellen sie sich darauf ein und leisten dafür Vorsorge – die Konjunkturprogramme verpuffen wirkungslos. Das Ergebnis der Kritik an Keynes war die Entwicklung „Dynamischer stochastischer allgemeiner Gleichgewichtsmodelle", die bis heute der Standard in der universitären Makroökonomie sind.

Diese „DSGE"-Modelle (nach dem englischen Begriff „Dynamic Stochastic General Equilibrium") sind zwar elegant, aber sie haben ähnliche Probleme mit der Realität wie der naive Keynesianismus der 1960er-Jahre. Viele Kritiker werfen ihnen vor, einfach nur die Neoklassik mit ihren wirklichkeitsfremden Annahmen abzubilden. Anderen gilt die praktizierte Makroökonomie als zu theoriearm, als Empirie ohne ausreichende theoretische Grundlage. Nichts belegt die Mängel dieser Modell-Ökonomie besser als die Theorie von der „Great Moderation", also der These, dass im Konjunkturzyklus die starken Ausschläge verschwunden seien, dass es weder extreme Boomphasen noch tiefe Rezessionen mehr gebe. Die Theorie war, besonders in den Vereinigten Staaten, überaus populär – bis zur Finanzkrise. Diese löste die schlimmste Rezession seit 80 Jahren aus und die Makroökonomen mussten ihre schöne Theorie einmotten.

Es zeigte sich, dass man völlig vergessen hatte, die Finanzmärkte in die Modelle einzubauen – möglicherweise einfach aus intellektueller Bequemlichkeit, denn die hochkomplexen Finanzprodukte der Gegenwart mit ihren Risiken sind sehr schwer in Modelle zu fassen. In manchem war Keynes, der sehr viel von Aktien und Börsen verstand, der Realität näher als heutige Makroökonomen. Inzwischen gibt es eine neue Schule junger Ökonomen, etwa der Deutsche Markus Brunnermeier in Princeton, die versuchen, eine einheitliche Theorie zu entwickeln, die die Finanzmärkte mit makroökonomischen Größen wie Wachstum, Arbeitslosigkeit, Inflation und Leistungsbilanz-Ungleichgewichten zusammenbringt. Gelingt die Synthese, werden die Konsequenzen für die Qualität von Wirtschaftsprognosen enorm sein.

Eigentlich ist es heute also hochattraktiv, sich der Erforschung der Makroökonomie zu widmen. *Nikolaus Piper*

ICH DENKE DIES, DU DENKST DAS

*Der Finanzwissenschaftler Clemens Fuest
hat großen Einfluss bei den Politikern in Berlin
und Brüssel – weil er auch zuhören kann.*

C lemens Fuest hat eine Geschichte mit Kolumbien. Ein har-
tes Land, bis vor Kurzem versunken in einem Kreislauf von
Drogen, Gewalt und Korruption. Dann gab es ein kleines
Wirtschaftswunder und politische Stabilität, aber die Lage ist
fragil. Clemens Fuest ist regelmäßig in Lateinamerika, seine
Frau Ana Maria ist Kolumbianerin. Deshalb hat er immer wieder Gelegenheit zu beobachten, wie ein Staat funktioniert – oder
eben nicht. Das ist für einen Finanzwissenschaftler besonders
interessant, denn diese Profession befasst sich, anders als es
der Name sagt, eben nicht nur mit Geld, sondern eigentlich mit
allen Bedingungen, die einen Staat ausmachen. Clemens Fuest
(sprich: Fu-h-st) ist Finanzwissenschaftler, einer der besten, die
Deutschland zu bieten hat.

Der Mann mit dem blonden Bürstenhaarschnitt ist Nachfolger von Deutschlands bekanntestem Ökonomen Hans-Werner
Sinn beim hoch angesehenen Ifo-Institut in München. Zuvor
war er Präsident des ZEW in Mannheim, eines einst vom ba-
den-württembergischen Ministerpräsidenten Lothar Späth
gegründeten Wirtschaftsforschungsinstituts, das heute mit
180 Mitarbeitern und 20 Millionen Euro zu den großen Instituten in Europa gehört. Fuest hatte den Chefjob dort erst seit
gut zwei Jahren inne, und war schon zu Höherem berufen: Im

Frühjahr 2016 übernahm er die Präsidentschaft des Ifo-Instituts und zugleich einen Lehrstuhl an der Ludwig-Maximilians-Universität (LMU).

Als die Bayern – Institut, Universität und Regierung – einen Nachfolger für Hans-Werner Sinn suchten, war das so etwas wie die Quadratur des Kreises: ein noch relativ junger, aber sehr kompetenter, in der Fachwelt und in der Öffentlichkeit versierter Ökonom, der gut nach München und zum Ifo passen und gleichzeitig Deutscher sein sollte, aber auch im Ausland bekannt.

Clemens Fuest, Jahrgang 1968, quadriert den Kreis. Der gebürtige Münsteraner war in Köln „summa cum laude" mit einer Arbeit über „Eine Fiskalverfassung für die Europäische Union" promoviert worden, ehe er in München zum Thema „Steuerpolitik und Arbeitslosigkeit" habilitierte; sein Lehrvater war der heutige LMU-Präsident Bernd Huber, sein Förderer ausgerechnet Sinn.

Professor in Oxford, das ist sicher eine der grandiosesten Stationen, die weltweit für einen Wissenschaftler infrage kommen. An der britischen Eliteeinrichtung war im Jahr 2008 ein Zentrum für internationale Unternehmensbesteuerung eingerichtet worden, und die Wissenschafts-Scouts wurden ausgerechnet in Köln am Rhein fündig, wo Fuest als Professor für Wirtschaftliche Staatswissenschaften auf Steuerrecht spezialisiert war.

Bis dahin hatte der junge Ökonom eine durchaus normale, wenn auch rasche akademische Karriere absolviert, jetzt wurde es anders. In Oxford herrscht eine international geprägte Gelehrigkeit, wie man sie in Deutschland selten kennt. Mit ein wenig Wehmut erinnert sich Fuest heute an den wissenschaftlichen Austausch mit den besten Köpfen der Welt, wo man beim Mittagessen in einem der Clubs mal eben von einem Nobelpreisträger angesprochen und zum Fachsimpeln verleitet wird. Fuest und seine junge Familie, zu der rasch drei Kinder gehörten, genossen diese Jahre und das britische Landleben, aber die Ressource Zeit wurde bald knapp: Für deutsche Politiker, aber auch die Öffentlichkeit war Fuest besonders interessant, er kannte sich in Deutschland aus, hatte aber den Ruf des international überparteilichen Beobachters.

Immer häufiger flog der Deutsche in britischen Diensten nach Berlin, um beispielsweise die Bundesregierung in Finanzfragen zu beraten. Dabei kamen ihm sein gelassener Charakter und sein wissenschaftliches Selbstverständnis gleichermaßen zugute: Fuest kann zuhören, und er hat einen pluralistischen Ansatz. „Ich habe meine Meinung", beschreibt er sein wissenschaftliches Selbstverständnis, „aber ich erkenne an, dass andere eine andere Meinung haben." Für ihn gibt es in der Regel kein „Richtig" oder „Falsch", wichtig ist, ob die Meinung des anderen wissenschaftlich sauber und plausibel hergeleitet ist.

Hans-Werner Sinn dagegen, mit dem er seit Jahren darum wetteifert, wer in der Öffentlichkeit mehr beachtet wird und wer in den einschlägigen Rankings höher steht, ist anders. Sinn weiß für sich, wie die Dinge laufen, und er möchte, dass die ganze Welt das auch so sieht.

FRÜHER WAR FUEST DER GROSSE ANTIPODE DES EURO-SKEPTIKERS HANS-WERNER SINN

Man kann wohl sagen, dass die Methode Fuest in Berlin besser ankommt als die Methode Sinn. Deshalb rückte der Institutspräsident immer mehr in den Blickwinkel der Mächtigen in Berlin und auch in Brüssel, wo er die Kommission berät. Er ist kein Parteimitglied, aber er hat viel mit der CDU zu tun – und er kann vor allen Dingen sehr gut mit Bundesfinanzminister Wolfgang Schäuble. Ob dessen Schwenk bei der Griechenland-Politik, der Wunsch nach einem wenigstens vorübergehenden Exit Griechenlands aus dem Euro, ihm von Fuest eingegeben wurde, weiß man nicht, die Herren schweigen dazu. Aber es wäre denkbar, denn auch Fuest hat hier mittlerweile seine Meinung dramatisch geändert.

Früher war Fuest der große Antipode des Euro-Skeptikers Sinn. Während dieser Griechenland schon lange – und durchaus wohlmeinend in dessen eigenem Interesse – aus dem Euro vertrieben sehen wollte, sprach Fuest dagegen: Griechenland sei, sofern reformwillig, besser im Euro aufgehoben als außerhalb. Jetzt sagt er: „Es hat keinen Sinn mehr, Griechenland muss raus."

Die Regierungszeit des Premiers Tsipras ist für Fuest eine einzige Enttäuschung, alle positiven Ansätze seien zerstört und Griechenland um Jahre zurückgeworfen worden. „Das Vertrauen ist dahin. Mit dieser Regierung wird das Land auch nicht zurückkommen." Heute, sagt Fuest – und gibt zu, dass das eine Kehrtwende ist –, „überwiegen die Nachteile einer weiteren Mitgliedschaft Griechenlands im Euro die Vorteile – für alle Seiten".

Ohnehin werde viel zu viel über Griechenland geredet, klagt er, und zu wenig über die zukünftige europäische Ordnung. Der Finanzwissenschaftler plädiert für eine bessere Bankenaufsicht und eine europäische Insolvenzordnung, also klare Regeln für den Fall, dass ein Staat pleitegeht.

Mittlerweile hat Fuest den Umzug der Familie vom Rhein an die Isar vollzogen. Das war mühsam, weil die Wohnungspreise hier exorbitant sind, aber er mag München. Zumindest kann er hier in einem Haus ohne Klimaanlage leben, denn eines ist sicher: München, angeblich Italiens nördlichste Stadt, ist wesentlich weniger warm und schwül als Mannheim. *Marc Beise*

GEFRAGT NACH BÜCHERN, die ihm wichtig sind, nennt Clemens Fuest, der Steuerexperte, „The Power to Tax", das der 2013 gestorbene US-Nobelpreisträger James M. Buchanan gemeinsam mit Geoffrey Brennan geschrieben hat. Unter „populärwissenschaftlich" sortiert er Karl Poppers „Die offene Gesellschaft und ihre Feinde" ein. In diesem Buch von 1945 begründet der Philosoph den Wert der Demokratie als freiheitliches Herrschaftsmodell.

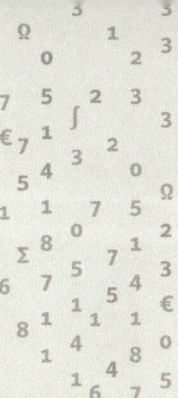

**Es hat keinen Sinn mehr,
Griechenland muss raus.**

CLEMENS FUEST

UNDOGMATISCH

Marcel Fratzscher ist erstaunlich schnell zu einem der Top-Ökonomen Deutschlands aufgestiegen. Der DIW-Präsident berät Bundeswirtschaftsminister Sigmar Gabriel. Er macht sich für mehr öffentliche Investitionen stark. Doch politisch vereinnahmen lassen will er sich nicht, weder von links noch von rechts.

E r hat es nicht geschafft. Manche Beobachter sahen Marcel Fratzscher schon auf Platz eins klettern, doch der Ökonom, der in 32 wichtigen Medien in Deutschland am meisten zitiert wurde, blieb im ersten Halbjahr 2015 Hans-Werner Sinn, Präsident des Münchner Ifo-Instituts. Fratzscher, seit Anfang 2013 Chef des Deutschen Instituts für Wirtschaftsforschung (DIW), folgt ihm mit gut 100 Zitaten wie schon im vergangenen Jahr auf Rang zwei dicht auf den Fersen.

Man sollte diese Abzählerei nicht überbewerten. Das Ranking des Instituts Mediatenor sagt nichts darüber aus, welcher Volkswirt im Land wirklich Einfluss hat. Aber es kann in Zahlen gegossene Belege dafür liefern, wer gerade gefragt ist. Und was das angeht, hat Fratzscher, 45, in den gut drei Jahren als DIW-Präsident eine erstaunliche Blitzkarriere hingelegt.

Der neue Star am Ökonomen-Himmel ist derzeit omnipräsent. Er äußert sich über den Kurznachrichtendienst Twitter oder in Fernsehtalkshows fast täglich, egal, ob es um die Integration von Flüchtlingen, die Verteilung der Einkommen oder die Altersvorsorge geht. Fratzscher warnt davor, das Rentenniveau wieder zu erhöhen, und hält die Riester-Rente für gescheitert. Er bezeichnet Deutschland als eines der „ungleichsten Länder der industrialisierten Welt". Er lässt Kurzkommentare verschicken zu Gutachten der Wirtschaftsweisen, obwohl er bislang nicht dem Sachverständigenrat der Bundesregierung angehört. Fragt man ihn in seinem Büro, wie viel Zeit ihn die Mission „Fratzscher auf allen Kanälen" kostet, sagt er: Bis zu 50 Prozent gingen für die interne Arbeit im Institut drauf, zehn bis 15 Prozent für die Forschung, der Rest für Öffentlichkeitsarbeit. Der Mann, das ist offensichtlich, will etwas bewegen. Aber er mag es gar nicht, wenn man ihn deshalb in eine politische Ecke stellt.

Nachdem er in seinem Buch „Die Deutschland-Illusion" die Republik zu mehr Investitionen aufforderte und ihn dann Bundeswirtschaftsminister Sigmar Gabriel (SPD) zum Chef einer Kommission kürte, die sich genau um dieses Thema kümmern soll, sahen manche Beobachter in Fratzscher bereits Gabriels Geheimwaffe. „Er ist jetzt so etwas wie der Chefökonom des Wirtschaftsministers, vielleicht sogar der ganzen Regierung", schrieb die *Frankfurter Allgemeine Sonntagszeitung*.

Doch erstens reicht sein Einfluss gar nicht so weit, schon gar nicht ins Kanzleramt oder Bundesfinanzministerium. Und zweitens will sich Fratzscher „politisch weder links, noch rechts, noch irgendwo verorten". Er könne informieren und beraten, sagt er. Es dürfe aber nicht das Ziel von Wissenschaftlern sein, Entscheidungen von Politikern zu beeinflussen. „Sonst verlieren wir unsere Unabhängigkeit."

Auch als Ökonom will sich der DIW-Präsident nicht in eine bestimmte Schublade einordnen lassen. „Deutsche Wirtschaftswissenschaftler predigen die Ordnungspolitik wie ein religiöses Dogma. Wir sollten als Wissenschaftler aber kein Dogma haben." Fratzscher kann da richtig leidenschaftlich werden: Das sture Festhalten an diesen Prinzipien – das sei der Grund, „warum wir deutschen Ökonomen in vielen Fragen international isoliert sind", sagt er. So ist das, was unter seiner Führung an Forschungsarbeiten aus dem größten wirtschaftswissenschaftlichen Institut des Landes kommt, jedenfalls nicht irgendeinem ökonomischen Lager zu zuordnen. „Die Mietpreisbremse bringt mehr Schaden als Nutzen", erklärten DIW-Experten. Der Mindestlohn sollte „nicht zu hoch angesetzt werden", warnte das Institut vor Einführung der 8,50-Euro-Marke. Deutschland weise ein „hohes Maß an Vermögensungleichheit" auf, hieß es in anderen Studien. Man wolle „Empfehlungen aussprechen, die auf Fakten basieren", beschreibt der Präsident diese Arbeit.

Fratzscher war schon vor seiner DIW-Zeit aufgefallen. Der Sohn einer Chemikerin und eines Agrarökonomen, der in Kiel, Oxford und Harvard studierte und während der Asien-Krise am Harvard-Institut in Indonesien war, arbeitete seit 2001 in der Europäischen Zentralbank (EZB), seit 2008 als Abteilungsleiter. Wohl auch deshalb sind der Euro und Europa für ihn bis heute eine Herzensangelegenheit. Ihn ärgert „diese deutsche Überheblichkeit. Mich stört, wenn wir so tun, als ob wir alles richtig gemacht hätten und nur wir uns an Regeln halten. Dabei haben wir Deutschen als eine der ersten den europäischen Stabilitätspakt gebrochen."

Als DIW-Präsident gelangen Fratzscher bereits zwei Coups: Das Berliner Institut wurde zurück in den Kreis der Konjunkturforschungsinstitute der Bundesregierung berufen. Und über die Frage, ob Straßen, Brücken und Schienen verfallen und Deutschland von der Substanz lebt, wird mittlerweile bundesweit diskutiert – zum Ärger mancher Kritiker. Fratzscher ist für sie der Mann, der den Politikern die Lizenz erteilt, mehr Geld auszugeben. Er wolle nur, „dass der Staat das Steuergeld besser ausgibt", sagt der DIW-Chef dazu. Und dabei sei es richtig, sich mehr auf öffentliche Investitionen und Bildung zu konzentrieren.

Auch sein neues Buch bewegt erneut die Gemüter. Nachdem der französische Ökonom Thomas Piketty die These aufstellte, im Kapitalismus konzentriere sich das Vermögen in der Hand weniger reicher Familien, hat sich auch Fratzscher mit der Ungleichheit beschäftigt und einen – für einen deutschen Ökonomen – ungewöhnlich scharfen Warnruf verfasst: Darin geißelt er die Bundesrepublik als ein Land, das so viel umverteilt wie kaum eine andere Nation, ohne dass dabei viel herauskommt. Stattdessen, so sieht es Fratzscher, wächst die Kluft zwischen

**Wir sollten als Wissenschaftler
kein Dogma haben.**

MARCEL FRATZSCHER

arm und reich, besitzen doch die reichsten zehn Prozent der Bevölkerung mittlerweile fast zwei Drittel des Vermögens. In kaum einem anderen Land hätten es Geringverdiener schwerer, in höhere Einkommensklassen aufzusteigen, schreibt der DIW-Chef. Fratscher versteigt sich sogar zu der These: „Die soziale Marktwirtschaft existiert nicht mehr."

Manche andere Forscher, die seine Dauer-Präsenz in der Öffentlichkeit mit einem gewissen Unbehagen sehen, sprechen deshalb von einer „Kampfschrift". Der Berliner Politikprofessor Klaus Schröder sagt über Fratzschers neues Buch: „Ich habe durch die Lektüre gelernt, dass die Krankschreibung der Bundesrepublik ohne Belege möglich ist." Clemens Fuest, der neue Präsident des Münchner Ifo-Instituts, hält die Thesen des DIW-Chefs schlicht für „irreführend".

Fratzscher lässt sich dadurch nicht beirren. Er wirft seinen Kritikern vor, zu leugnen, dass Ungleichheit in dieser Gesellschaft auch ein Problem für die Wirtschaft ist. „Wir müssen unsere Scheuklappen ablegen nach dem Motto: Wir sehen nicht, was wir nicht sehen wollen", sagt er.

So oder so, das Thema Ungleichheit hat das Zeug, im Bundestagswahlkampf eine wichtige Rolle zu spielen. Und Fratzscher ist wieder vorne mit dabei. *Thomas Öchsner*

ZWEI LIEBLINGSBÜCHER Das eine Lieblingsbuch ist Stefan Zweigs „Die Welt von Gestern – Erinnerungen eines Europäers". Fratzscher sagt dazu: „Das Buch berührt mich tief. Was Zweig für die erste Hälfte des 20. Jahrhunderts beschreibt, lässt sich auch auf das heutige Europa übertragen. Ich halte die Rückkehr des Nationalismus und die Renationalisierung der Politik für gefährlich." Das andere Lieblingsbuch heißt „Freakonomics", geschrieben haben es Steven Levitt und Stephen Dubner. „Ein spannendes Buch über das alltägliche Leben aus einer verhaltensökonomischen Perspektive", findet Fratzscher. Und obendrein ein Buch darüber, wie Wirtschaftswissenschaftler einen gesellschaftlichen Beitrag leisten können.

DATEN-DETEKTIV
AUS OXFORD

*Der Deutsche Max Roser untersucht Ungleichheit
und zeigt auf einer beeindruckenden Internet-Plattform,
was alles besser geworden ist auf der Welt.
Den umstrittenen Kapitalismus-Kritiker Thomas Piketty schätzt er
sehr, Medien hingegen wirft er Schwarzmalerei vor.*

E in unscheinbares Bürogebäude statt eines altehrwürdigen Colleges: Das Institute for New Economic Thinking ist sicher nicht im schönsten Haus der Universität Oxford untergebracht. Dafür ist der Blick von der Cafeteria im obersten Stockwerk dieses Instituts für neues ökonomisches Denken umso beeindruckender – über Dächer hinweg auf die Türme der Kirchen, die zu den jahrhundertealten Colleges gehören.

Touristen schätzen das historische Flair der englischen Universitätsstadt. Doch die Urlauber können froh sein, im Hier und Jetzt zu leben und nicht in der Vergangenheit. Denn zu Zeiten unserer Urahnen war das Leben viel gewalttätiger, ärmer und ungesünder als heutzutage. Das zu zeigen, hat sich Max Roser zur Aufgabe gemacht, ein junger Ökonom, der an dem Institut für neues ökonomisches Denken forscht und nun in der Cafeteria zum Gespräch empfängt. Der Deutsche – geboren im Herbst 1983 – trägt Daten darüber zusammen, wie sich die Lebensverhältnisse in den vergangenen Jahrhunderten oder gar Jahrtausenden gewandelt haben. Die Ergebnisse präsentiert er seit Sommer 2014 auf einer eindrucksvollen Internetseite voller optimistisch stimmender Grafiken: www.ourworldindata.org, unsere Welt in Daten.

Die Nachrichten werden beherrscht von Terror, Kriegen und Krisen; viele Bürger schauen voll Sorge in die Zukunft. Aber Rosers Blick in den Rückspiegel offenbart, wie weit die Menschheit schon gekommen ist: Die Geschichte des Homo sapiens ist überwiegend eine Geschichte gewaltigen Fortschritts und spürbarer Verbesserungen. Die Zahl der Morde? Ist dramatisch geschrumpft über die Jahrhunderte. Die Kosten für künstliches Licht, also Kerzen oder Lampen? Sinken. Die Häufigkeit von Tanker-Katastrophen? Geht zurück. „Auch die Armut nimmt weltweit gerade so schnell ab wie nie zuvor", sagt der Volkswirt, der in Innsbruck promoviert hat. Weniger erfreulich sind allerdings die Daten zum Klimawandel.

Fast zwei Millionen Leser hätten in den ersten anderthalb Jahren auf der Internetseite gestöbert, sagt Roser: „Dieser Erfolg überrascht mich selbst." Für den Ökonomen ist das Verbreiten der frohen Botschaft im Netz nur ein Teil seiner Arbeit. Zugleich erforscht er Einkommens-Ungleichheit und veröffentlicht hierüber wissenschaftliche Artikel. Gemeinsam mit Kollegen untersucht er dafür die Zusammenhänge zwischen Wirtschaftswachstum und der Entwicklung der Einkommen von Armen, Reichen und der Mittelschicht.

DAS DATENSAMMELN KOMMT ZU KURZ

Hier geht es also ebenfalls um Daten, Zahlen, Statistiken. Roser ist ein empirisch arbeitender Ökonom: Er errichtet keine großen Theoriegebäude, sondern sucht erst einmal nach Indizien, die zeigen, was wirklich passiert in unserer komplizierten Welt. Max Roser ist der Daten-Detektiv aus Oxford.

„Die Ökonomie ist zu theorielastig", klagt der jungenhaft wirkende Wissenschaftler. Schon im Grundstudium werde zu viel Wert auf Theorie gelegt, auf Modelle, die erklären sollen, wie Märkte funktionieren, aber sich dafür unrealistischer Annahmen bedienen. Zu kurz kommt entsprechend die hohe Kunst des Datensammelns und -interpretierens. Die wichtigsten Fachzeitschriften würden ebenfalls von theoretischen Abhandlungen beherrscht, und Wirtschafts-Nobelpreise seien in der Vergangenheit meist genauso an Theoretiker gegangen, sagt er.

An der großen Datenschau fürs Internet arbeitete er lange alleine, doch seit Ende 2015 wird er von einem Programmierer und einem anderen Wissenschaftler unterstützt. Allerdings wird sein Institut das Projekt nur noch bis Sommer 2016 finanzieren, weswegen der Deutsche neue Geldgeber sucht. Er will in Zukunft auch nicht mehr so viel Zeit in die Seite investieren müssen. „Ich war diese Woche jeden Abend bis zwei Uhr morgens im Büro. Das muss ein Ende finden", sagt er. Zumal der andere Teil seines Jobs, die Erforschung der Einkommens-Ungleichheit, wichtiger für seine wissenschaftliche Karriere ist. Also dafür, einmal eine feste Stelle als Professor zu erhalten.

Aufgewachsen ist Roser in der rheinland-pfälzischen Gemeinde Kirchheimbolanden bei Mannheim. Zum Studium zieht er erst nach Berlin, aber weil ihm das nicht gefällt, wechselt er nach Innsbruck. In der Nähe leben Verwandte, und er mag die Berge. Während des Studiums verdient er Geld, indem er Fahrradreise-Gruppen leitet. „Hier in Oxford fehlen mir jetzt die Berge als sportlicher Ausgleich", sagt er. „Da bleibt nur die Arbeit." In Innsbruck studiert er zunächst Geowissenschaften und Philosophie, bevor er Volkswirtschaftslehre draufsattelt. Nach der Promotion holt ihn Professor Tony Atkinson, ein Fachmann für die Erforschung von Ungleichheit und Armut, im Jahr 2012 nach Oxford.

Auf die Idee mit der Daten-Webseite kommt Roser in Rio de Janeiro, wo er für die Doktorarbeit ein halbes Jahr lebt. Die rasante Entwicklung in Brasilien fasziniert ihn. Er plant ein Buch darüber, wie sich Lebensverhältnisse auf lange Sicht verändert haben, doch stellt er fest, dass es für ein Buch alleine viel zu viele spannende Daten gibt. „Ich habe mir gedacht, dass man diese positiven Trends der breiten Öffentlichkeit bekannt machen muss", sagt er – daher veröffentlicht er statt eines Buchs lieber die Internetseite mit den leicht verständlichen Grafiken.

Früher, erinnert er sich, sei er selbst davon ausgegangen, dass sich die Welt zum Schlechteren entwickle. „Ich war pessimistisch, und das war auch die Grundstimmung in den Vorlesungen meines Philosophie-Studiums", sagt er. Aber das Wirtschaftsstudium habe sein Weltbild geändert. Er lernte auf Grundlage harter Daten, wie rasant die Armut weltweit abnimmt oder wie viel weniger gewalttätig moderne Staaten im Vergleich zu frühen Kulturen sind, trotz zweier Weltkriege im vergangenen Jahrhundert.

MAX ROSER

Roser hält manchmal Vorträge über seine Datensammlung. Da sei ihm wichtig, dass die Zuhörer nicht mitnähmen, alles sei gut. „Dass der Anteil der Armen an der Weltbevölkerung sinkt, ist schön, doch es leben immer noch zehn Prozent der Menschen unter der Armutsgrenze", sagt er. Die Zahlen der vergangenen Jahrzehnte bewiesen aber, dass Fortschritt möglich sei.

Beim Thema Ungleichheit habe der Ökonom Thomas Piketty „herausragende" Arbeit geleistet, sagt Roser. Der Franzose erregte viel Aufsehen mit seinem Buch „Das Kapital im 21. Jahrhundert", das anhand historischer und heutiger Daten zeigt, wie sehr die Schere zwischen Arm und Reich auseinandergeht. Allerdings kritisierten einige Wissenschaftler seine Berechnungen oder Schlussfolgerungen.

Roser sagt, das Spannende an der Entwicklung der Einkommen seien die großen Unterschiede zwischen Staaten. „Es gibt die falsche Wahrnehmung, dass Globalisierung und technischer Wandel überall automatisch zu mehr Ungleichheit in den Gesellschaften führen", sagt er. „Aber das stimmt nicht, und das belegt, dass die Politik die Verteilung der Einkommen stark beeinflussen kann."

Für seine Internet-Datensammlung kämpft sich der Deutsche durch wissenschaftliche Artikel verschiedenster Fachgebiete. Um etwa aufzubereiten, wie Gewalttätigkeiten über die Jahrtausende abnahmen, las er archäologische Studien darüber, wie viele Skelette in Ausgrabungsstätten Spuren von Gewaltanwendungen zeigten. Oder er studierte völkerkundliche Abhandlungen über Fehden zwischen Stämmen.

Dass zahlreiche Menschen überzeugt seien, die Welt werde schlechter und nicht besser, liege auch an den Medien, klagt der Ökonom: „Sie berichten darüber, was passiert, zum Beispiel Bürgerkriege oder Hungersnöte, aber nicht darüber, was alles ausbleibt oder nicht mehr passiert."

Da hilft dann ein Blick auf Rosers Datensammlung für Optimisten. *Björn Finke*

ZWEI LIEBLINGSBÜCHER Gefragt nach Büchern, die ihm wichtig sind, nennt Max Roser „The Economics of Poverty", ein neues Fachbuch des Volkswirtes Martin Ravallion. Der fasse dort nicht nur zusammen, was Sozialwissenschaftler über das Thema wissen, sondern liefere auch „eine Ideengeschichte" der Armutsbekämpfung, sagt Roser. „Denn die Idee, dass es überhaupt möglich ist, Armut zu beseitigen, ist neu in der Geschichte der Menschheit." Lange habe Armut als unvermeidliches Übel gegolten.

Jenseits wissenschaftlicher Fachbücher preist Roser „Epic Measures: One Doctor. Seven Billion Patients". Hier porträtiert der Journalist Jeremy Smith die Arbeit des amerikanischen Arztes und Ökonomen Christopher Murray. Der hat es sich zur Aufgabe gemacht, die Gesundheitsprobleme der gesamten Menschheit statistisch zu erfassen.

**Die Armut nimmt
weltweit gerade so schnell
ab wie nie zuvor.**

MAX ROSER

FAKTEN, BITTE!

*Eine Denkschule, die auf jede ökonomische
Frage eine Antwort kennt? Für Claudia Buch eine verrückte
Vorstellung. Die Vize-Präsidentin der Bundesbank
setzt lieber auf das Studium von detaillierten Daten –
und darauf, es auch mal zuzugeben,
wenn die Wissenschaft nicht weiterweiß.*

Mit der Frage nach der ökonomischen Wahrheit braucht man Claudia Buch, geboren 1966, erst gar nicht zu kommen. Es klingt fast ein wenig spöttisch, als die Vize-Präsidentin der Deutschen Bundesbank das Wort „Wahrheit" noch einmal wiederholt. Da schimmert durch, dass Claudia Buch es wohl für ziemlich anmaßend hält, wenn Ökonomen glauben, die Wahrheit gepachtet zu haben. Das Buch („Bescheidener Vorschlag zur Lösung der Eurokrise") des früheren griechischen Finanzministers Yanis Varoufakis, ein Ökonom, dem man ein solches Sendungsbewusstsein attestieren darf – Claudia Buch wird es deshalb eher nicht lesen.

Einer bestimmten ökonomischen Denktradition, sei es die von John Maynard Keynes, seien es jene von Milton Friedman oder Friedrich August von Hayek, möchte sie sich auch nicht zuordnen lassen. „Es ist eine wichtige Erkenntnis der vergangenen Jahre, dass eine rein ideologisch geführte Debatte nicht hilft", sagt sie, denn eine solche Debatte suggeriere, in jeder Situation eine einheitliche Antwort geben zu können. Doch die Rahmenbedingungen des Wirtschaftssystems änderten sich ständig, und es gebe Schocks. „Es gibt kein Modell, das alle wirtschaftlichen Zusammenhänge abbildet."

Claudia Buch trinkt ihren Cappuccino in einem Sitzungs-
raum der Bundesbank im obersten Stockwerk. Der Blick fällt
auf die Skyline von Frankfurt, es herrscht klare Sicht, hinter
den Hochhäusern zeichnen sich die Hügel des Odenwalds ab.
Sie wirkt nach den Urlaubstagen entspannt, doch schon am
nächsten Tag geht es nach New York. Eine Sitzung zur globalen Finanzstabilität. Claudia Buch spricht gerne über ihr Fach,
auch darüber, wo die Ökonomie überschätzt, und wo sie unterschätzt wird.

„In der Öffentlichkeit wird die Qualität des Fachs häufig an der
Qualität der Prognosen gemessen", sagt Buch. Allerdings dürfe
man ökonomische Prognosen nicht mit Wetterprognosen vergleichen, die durch verbesserte Messtechnik treffsicherer geworden
seien. „Ökonomen haben es da schwerer. Sie haben zum Zeitpunkt
der Prognose nicht einmal genaues Wissen über den Status quo",
sagt sie. So wisse niemand, wie hoch das Bruttoinlandsprodukt
heute sei, es müsse geschätzt werden. Zudem reagiere das Wetter nicht auf die Prognosen der Meteorologen. „Auf ökonomische
Prognosen reagieren aber Marktteilnehmer und Politik", sagt die
Bundesbank-Vizepräsidentin.

Der schwere Stand der Ökonomen im Vergleich mit Meteorologen bedeute jedoch nicht, dass die Erkenntnisse der Volkswirtschaft nicht der Rede wert seien. Buch verweist auf die massiven
Fortschritte in der empirischen Forschung. Man sei nun viel weiter beim Testen von Theorien auf Basis von „Mikrodaten".

Der Begriff „Mikrodaten" fällt oft, wenn man mit Claudia
Buch über die Wirtschaftswissenschaft spricht. Mikrodaten sind
beispielsweise „die Meldungen einzelner Unternehmen oder
Banken zu ihren Bilanzen oder ihren Erträgen", sagt Buch. „Solche Daten werden benötigt, um beispielsweise zu untersuchen,
wie Banken auf geldpolitische Maßnahmen reagieren: Vergeben
sie mehr Kredite? Und vor allem: Werden diese Kredite risiko-
reicher?" Wenn man nur die Daten für das aggregierte gesamte
Kreditvolumen in der Wirtschaft untersuchen würde, könnten
diese Fragen nicht beantwortet werden.

Der Blick auf die Daten hat Claudia Buch schon immer fasziniert. Die modernen Computer ermöglichen Analysen, die vor 20 Jahren noch undenkbar waren. Natürlich liegt da die Frage nahe, ob denn wenigstens die nackten Zahlen der Wahrheit sehr nahekommen? „Nein", sagt Claudia Buch. „Daten sind nicht per se wahr oder falsch, sondern müssen immer interpretiert werden." Durch gute Empirie könnten aber kausale Zusammenhänge sichtbar werden.

„Wir erleben in der Volkswirtschaft eine spannende Entwicklung. Theorie, Empirie und Wissen über institutionelle Zusammenhänge kommen zusammen", sagt Buch. Man könne Daten nicht interpretieren, ohne den institutionellen Rahmen zu kennen. „Wichtig ist, wie ein Unternehmen oder ein Haushalt von einer bestimmten wirtschaftspolitischen Maßnahme betroffen ist", sagt die Ökonomin. Mit einer solchen „Evidenzbasierung" könne Forschung gleichzeitig wichtige Beiträge zur Politikberatung leisten. Ein empirisches Forschungspapier, das völlig losgelöst von Institutionen argumentiere, werde in einer guten Zeitschrift nicht veröffentlicht.

VIELE DENKEN JA, DIE WIRTSCHAFTSWISSENSCHAFT PREDIGE NOCH IMMER DAS EVANGELIUM EFFIZIENTER MÄRKTE

Claudia Buch hat in den vergangenen Jahren eine eindrucksvolle Karriere hingelegt. Sie studierte in Bonn, promovierte und habilitierte in Kiel. Später lehrte die Professorin in Tübingen. Sie war Mitglied im Sachverständigenrat der Bundesregierung zur wirtschaftlichen Entwicklung. Die Wirtschaftsweise stieg dann im Juli 2013 zur Chefin des Instituts für Wirtschaftsforschung in Halle auf. Ein Jahr später folgte der Ruf nach Frankfurt zur Deutschen Bundesbank. Ihr Forschungsschwerpunkt ist Finanzmarktstabilität. Politik, Geschichte und Mathematik hatten es ihr als Schülerin schon angetan. Ein Studium der Volkswirtschaftslehre schien ihr da die größte Schnittmenge zu bieten.

Ökonomen beschäftigen sich wie Politiker mit gesellschaftlichen Themen, etwa dem Klimawandel, Wachstum und den Arbeitsmärkten – nur ist der Blickwinkel ein anderer. „Wir untersuchen, wie die Preisbildung an Märkten funktioniert und welche unbeabsichtigten Effekte eine politische Maßnahme haben kann", sagt Buch.

Welche gesellschaftliche Funktion diese Forschung hat? „Im Idealfall führt sie zu einer informierten öffentlichen Debatte über Wirtschaftspolitik", sagt sie.

Viele denken ja, die Wirtschaftswissenschaft predige noch immer das Evangelium der effizienten Märkte und gehe vom rationalen Homo oeconomicus aus. Doch Claudia Buch widerspricht. „Die Vorstellung, es gebe vollständig effiziente Märkte und das Bild vom in Wirtschaftsdingen stets rational handelnden Menschen, sind ja schon seit vielen Jahren in der Wissenschaft vom Tisch", sagt sie. Die Forschung der vergangenen Jahrzehnte habe sich vor allem auf Störungen an den Finanz- oder Arbeitsmärkten konzentriert. Allerdings bräuchten Wissenschaftler dieses Bild von der Effizienz und der Rationalität als intellektuelle Plattform, um Abweichungen davon einordnen und untersuchen zu können.

Claudia Buch beschäftigt sich seit Jahren mit den Veränderungen an den internationalen Finanzmärkten. In ihrer täglichen Arbeit geht es nun vor allem um die Frage, wie künftig vermieden werden kann, dass Finanzkrisen starken Einfluss auf Staat, Unternehmen und Konsumenten haben und damit auch die Einkommensverteilung verändern. „Wir haben ja erlebt, wie stark die Arbeitslosigkeit in Europa während der Finanz- und Staatsschuldenkrise gestiegen ist und wie lange diese Effekte anhalten", sagt sie. „Finanzkrisen wirken negativ auf Wachstum und Innovation. Daher stellt sich die Frage, wie realwirtschaftliche Innovationen finanziert werden können, ohne dass es zu Preisblasen oder zu übermäßiger Verschuldung kommt." *Markus Zydra*

ZWEI LIEBLINGSBÜCHER Claudia Buch empfiehlt zwei Werke, die seit ihrer ersten Auflage schon Staub angesetzt haben mögen, nichtsdesto-trotz aber lehrreich seien.

Das eine stammt aus der Feder des US-Ökonomen Barry Eichen-green: „The European Economy since 1945", erschienen im Jahr 2008. Die Lektüre würde den Blick in der Europa-Debatte weiten.

Außerdem mag Claudia Buch das Werk von Jürg Niehans: „A History of Economic Theory" aus dem Jahr 1994. Hier, so sagt sie, würden die wichtigsten Protagonisten der Wirtschaftswissenschaft beschrieben. Es gehe um die Menschen hinter den Theorien.

**Daten sind nicht per se wahr oder falsch,
sondern müssen immer interpretiert werden.**

CLAUDIA BUCH

KOSMOPOLIT IN KIEL

Die Globalisierung hat ein Imageproblem,
findet Holger Görg. Der Wirtschaftswissenschaftler lässt bei
seiner Forschung Moralvorstellungen außen vor – und erntet für
seine Projekte auch mal kritische Blicke von Kollegen.

In einem Universitätsgebäude, zumal in einem deutschen, muss die Ästhetik oft hintanstehen. Im Büro von Holger Görg sieht man das sehr schön, es gibt darin ein paar fragwürdige Regale, einen alten Schreibtisch und einen fast schon beeindruckend hässlichen blauen Teppich. „Kaffee haben wir hier leider nicht", sagt Görg. Er lacht. Der Mann nimmt den kargen Schick mit Humor, schließlich hat er neben diesem Büro an der Universität in Kiel, wo er Professor für Außenwirtschaft ist, ja noch einen zweiten Arbeitsplatz, nur ein paar Minuten entfernt: Am Institut für Weltwirtschaft (IfW) leitet er den Forschungsbereich „Internationale Arbeitsteilung". Vereinfacht ausgedrückt könnte man also sagen, Holger Görg widmet sein wissenschaftliches Leben der Globalisierung.

Und ist Globalisierung denn nun etwas Gutes oder etwas Schlechtes? Görg macht eine lange Pause. Dann sagt er: „Das kommt darauf an."

Holger Görg, geboren 1970, hätte es sich auch bequemer machen können, in einem Leben mit schöneren Büros und einfacheren Antworten. Vor dem Studium hat er eine Ausbildung bei einer Bank gemacht und eigentlich, so hatte er das geplant, wollte er danach auch wieder zurück in die Finanzbranche. „Vielleicht auch zu einer Unternehmensberatung. Das war die Richtung, die mir so vorschwebte." Aber während des Studiums

in Irland entdeckte Görg seine Vorliebe für wissenschaftliches Arbeiten. „Ich mag die Beschäftigung mit den Details", sagt er. „Einem Problem in allen seinen Facetten auf den Grund zu gehen, das reizt mich."

Sein erster wissenschaftlicher Forschungsschwerpunkt galt der Rolle der vielen multinationalen Konzerne in Irland. Wie vernetzt sind sie eigentlich mit der irischen Volkswirtschaft und welche Faktoren sind dafür maßgeblich? Die Herkunftsländer

der Unternehmen seien dabei entscheidend, das war die zentrale Erkenntnis aus Görgs frühem wissenschaftlichen Wirken: Während die Amerikaner enge Bande mit Irland knüpften, seien etwa europäische Unternehmen stärker auf ihre Heimatländer konzentriert und würden externe Dienstleistungen bevorzugt dort einkaufen. Noch heute findet Görg: „Das ist doch spannend."

Mittlerweile hat sich sein Forschungsgebiet verbreitert. Görg versucht heute, die Globalisierung und all ihre Folgen zu erfassen. Die zunehmende internationale Verflechtung habe ihre Vorteile, findet er. Dennoch habe die Globalisierung ein „Imageproblem": Deutschland zum Beispiel sei ein Land, das von der Globalisierung stark profitiere. Dennoch gebe es natürlich auch dort Berufsgruppen, die eher die Nachteile zu spüren bekämen. Görg nennt als Beispiel die Beschäftigten in der Stahlindustrie: „Es ist, im Hinblick auf die globale Arbeitsteilung, nicht sinnvoll, dass Deutschland Stahl produziert", sagt Görg. Wegen der hohen Produktionskosten sei man damit auf dem Weltmarkt nicht wettbewerbsfähig. Doch für die vielen Tausend Menschen, die in Deutschland in diesem Bereich arbeiten, sei das natürlich ein Desaster. Für sie habe die Politik weder eine berufliche Perspektive entwickelt noch habe sie sich ausreichend bemüht, die Dynamik der Weltwirtschaft für die Betroffenen nachvollziehbar zu machen. „Aus meiner Sicht wird hier kommunikativ versagt", sagt Görg. Würde man deutlich machen, warum Stahlproduktion keine Zukunft habe, und gleichzeitig berufliche Weiterentwicklungsmöglichkeiten anbieten, glaubt Görg, würden viele Menschen der Globalisierung positiver gegenüberstehen.

Noch drastischer sehe man das Versagen der Politik im Umgang mit der Globalisierung an den afrikanischen Staaten. „Die dürfte man nicht einfach ihrem Schicksal überlassen. Man müsste sich aktiv darum kümmern, dass die Nachteile der Globalisierung für diese Länder ausgeglichen werden", sagt Görg. Es gelte, eine echte Perspektive für diese Länder zu erarbeiten. Weil all das aber nur unzureichend geschehe, könne er die Argumente vieler Globalisierungskritiker gut nachvollziehen. So gesehen sei die Globalisierung also „eine gute Sache, die aber leider schlecht gemanagt wird".

Unter den Gewinnern und Verlierern der Globalisierung gibt es laut Görg aber auch Berufsgruppen, die man dort nicht unbedingt vermuten würde. „Tendenziell gelten hochqualifizierte Menschen ja eher als Profiteure", sagt Görg. Dennoch müssten zum Beispiel Ärzte in den USA bereits mit neuer Konkurrenz zurechtkommen: „Röntgenbilder werden immer öfter zur Auswertung nach Indien geschickt", berichtet Görg. Für Mediziner dieser Fachrichtung sei die weltweite Vernetzung also eher nachteilig. Umgekehrt würden dagegen Taxifahrer keine Nachteile wegen der Globalisierung erleben. „Die profitieren vielleicht sogar davon, dass die Mobilität der Menschen zunimmt", sagt er.

LOHNT SICH KORRUPTION FÜR UNTERNEHMEN? JEDENFALLS DORT, WO SIE NICHT VERMUTET WIRD

Görg ist ein Wissenschaftler, der überdurchschnittlich viel publiziert. Die Möglichkeit, mit seiner Forschung an die Öffentlichkeit zu gehen, sei ein Aspekt seines Jobs, den er von Anfang an reizvoll gefunden habe, sagt er. Anders ist das mit dem Unterrichten: Daran habe er sich „erst gewöhnen" müssen. „Aber heute würde ich es nicht mehr missen wollen. Wissen weiterzugeben ist ein essentieller Bestandteil eines akademischen Lebens."

In seinen Forschungsprojekten beschäftigt sich Görg mitunter auch mit Fragen, die ihm von einigen seiner Kollegen kritische Blicke einbringen. Wie bei einer Studie, die untersuchte, ob sich Korruption, jenseits aller moralischen Fragen, für Konzerne wirtschaftlich lohne. Tut sie das? „Nicht in Ländern, in denen Bestechung ohnehin an der Tagesordnung ist", sagt Görg, „dort verschafft sie ja keinen Wettbewerbsvorteil." Anders sei das in Staaten, in denen Korruption kaum vermutet wird. „Wenn Sie in einem EU-Land bestechen, dann hat das tatsächlich messbare Vorteile auf die Produktivität Ihres Unternehmens", berichtet der Forscher. Dass solche Ergebnisse im Wissenschaftsbetrieb nicht von allen gerne gehört werden, bekam Görg deutlich zu spüren: „Wenn man so eine Studie auf einem Kongress präsentiert, gibt es schon ziemlich unfreundliche Nachfragen." Persönliche Überzeugungen lasse er bei seiner wissenschaftlichen Arbeit aber bewusst außen vor – er vertraue ausschließlich auf die Empirie.

In Zukunft wolle er sich in seiner Arbeit noch stärker den sozialen Aspekten widmen. Etwa der Frage, ob und wie der Wohlfahrtsstaat in Zeiten der Globalisierung noch zu finanzieren ist. Ein Thema, das auch wegen der vielen Flüchtlinge an Aktualität gewinnt.

Ob er die Entscheidung gegen eine Karriere in der Wirtschaft mal bereut hat, hier in seinem kargen Büro in dem maroden Uni-Komplex? Er wollte einen Beruf, der „ein ganzes Leben lang" zufrieden machen könne, sagt Görg. So einen habe er gefunden. „Da ist es schon in Ordnung, vielleicht weniger als in der freien Wirtschaft zu verdienen."   *Angelika Slavik*

ZWEI LIEBLINGSBÜCHER Eigentlich lese er in seiner Freizeit kaum wirtschaftswissenschaftliche Sachbücher, sagt Holger Görg. Das Buch „The Bottom Billion" des britischen Kollegen Paul Colliers habe ihn dennoch tief beeindruckt. Gut recherchiert und eingängig geschrieben, setze es sich mit der Frage auseinander, warum die ärmsten Länder der Erde sich aus ihrer Not nicht zu befreien vermögen. Immerhin zeigt Colliers Wege auf, wie sich die Situation dieser Staaten verbessern ließe.

Sehr gefallen habe ihm auch „The Road" des US-amerikanischen Schriftstellers Cormac McCarthy, erschienen 2006. „Ein relativ kurzer Endzeitroman, der eine schreckliche Zukunft darstellt – aber auch Hoffnung, Fürsorge und elterliche Liebe zeigt." Cormac McCarthy erhielt für dieses Werk den Pulitzer-Preis 2007, das Magazin Time nennt ihn „Den besten Roman seines Jahrzehnts".

Es ist, im Hinblick auf die globale Arbeitsteilung, nicht sinnvoll, dass Deutschland Stahl produziert.

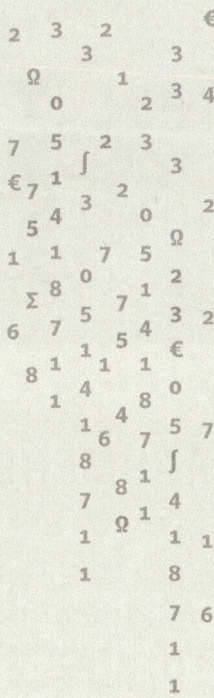

DER RAHMENBAUER

*Der Wirtschaftsweise Lars Feld ist als Leiter des
Walter-Eucken-Instituts dem Erbe der Gründerväter
der sozialen Marktwirtschaft verpflichtet.
Für ihn bleibt der Ordoliberalismus bis heute relevant.*

Das Walter-Eucken-Institut in Freiburg ist kein Ifo und kein DIW, kein ZEW und kein IfW und wie die großen Wirtschaftsforschungsinstitute des Landes alle heißen. Es ist weniger. Und mehr.

Das Eucken-Institut hat nicht, wie die genannten anderen, ein paar Hundert Mitarbeiter und etliche Millionen Euro Jahresbudget, sondern nur ein Dutzend Menschen und es muss mit ein paar Hunderttausend Euro auskommen, es erstellt weder Konjunkturprognosen noch Steuerschätzungen. Aber es verfügt, anders als die anderen, über ein ausgeprägtes wirtschaftstheoretisches Erbgut, es definiert sich durch seine intellektuelle Tradition.

Und es hat einen Standortvorteil. Es residiert in der lebenswertesten Stadt Deutschlands. Die Rede ist von Freiburg im Breisgau, einem Flecken Erde, der von der Sonne verwöhnt wird, wo es Wald und Wein vom Feinsten gibt, und wo man essen kann wie Gott in Frankreich, nämlich drüben im nahen Elsass.

Hier lebte, forschte und lehrte der strenge Nationalökonom Walter Eucken, ein Mann, der nicht sehr lebenslustig war, aber einen großen Blick hatte und eine ungeheure Wirkung. Eucken und seine Kollegen, die man die „Ordoliberalen" nannte oder einfach Ordnungspolitiker, haben nach Krieg und Ideologie und Kommandowirtschaft, nach Nationalsozialismus und Kommunismus, die Grundlagen für die soziale Marktwirtschaft gelegt, die die Bundesrepublik Deutschland nach 1949 so gut und wohlhabend gemacht hat.

Das Eucken-Institut, sinnigerweise in der ehemaligen Wohnung des Namensgebers, hält diese Tradition hoch, aber wie es mit den Dingen des Lebens allgemein so ist, sie altern, was nicht immer zu ihrem Besten ist. Das Institut gibt es seit sechs Jahrzehnten, genauer seit 1954; selbst damals war der Namensgeber schon vier Jahre tot. Hauptziel des Instituts ist es, die Ideen der sogenannten „Freiburger Schule" in der öffentlichen Erinnerung lebendig zu halten. Der Leiter dieses Thinktanks ist qua Amt der Eucken-Erbe, der Eucken von heute. Seit September

2010 heißt er, und nun soll endlich von ihm die Rede sein: Lars Feld.

Lars Feld ist Jahrgang 1966, er ist in Saarbrücken geboren, in Heusweiler aufgewachsen, er diente in Daun in der Eifel, wurde an der Universität des Saarlandes zum Diplom-Volkswirt ausgebildet, promovierte und habilitierte an einer wirtschaftswissenschaftlichen Kaderschmiede im schweizerischen St. Gallen. Er war Professor in Marburg und Heidelberg und ist das heute in Freiburg. Er gilt als einer der wirkmächtigsten deutschen Ökonomen, in der einschlägigen Rangliste der *Frankfurter Allgemeinen Zeitung* war er 2013 auf Platz 1 vor all den Sinns, Fuests, Fratzschers und anderen Institutsdirektoren, die die Talkshows und Wirtschaftsteile der deutschen Medien bevölkern.

Und er ist einer der fünf Mitglieder des Sachverständigenrats zur Begutachtung der gesamtwirtschaftlichen Lage, des sogenannten Rats der fünf Weisen. Im Sommer 2015 haben die Herren und eine Dame ein Sondergutachten zur großen Verschuldung nicht nur, aber vor allem des Euro-Raums vorgelegt.

Das alles ist eine wunderbare Vita, und alles wäre so schön, wenn es nicht ein Problem gäbe: Die Ordnungspolitik, der Ordoliberalismus, die Freiburger Schule, das schert heute niemanden mehr, das kennt kaum noch einer, und wenn ein Politiker sich dazu äußern muss, dann liest er in seinem eigenen Redemanuskript, das ihm fleißige Helfer vorformuliert haben, kluge Dinge, von denen er bis dahin in seinem „Ich regel' dies und regel' das"-Tagesgeschäft noch nie etwas gehört hat.

Lars Feld aber kann seinen Eucken mehr oder weniger auswendig. Und er findet ihn wichtig, auch heute noch. Allerdings vertritt er eine „moderne Ordnungspolitik", und das kann misstrauisch machen. Das ist so eine Sahra-Wagenknecht-Formulierung, und mit der Linkspartei hat Lars Feld, der auf Vorschlag der FDP in den Sachverständigenrat gewählt worden ist, ganz sicher nichts am Hut.

Feld meint damit aber, dass die Grundidee der Ordnungspolitik noch gilt: die Wirtschaft machen lassen, sie nicht strangulieren, den Unternehmen nicht zu viel aufbürden, die Bürger nicht zu hoch besteuern, die Preise nicht verzerren, die Arbeitsverhältnisse nicht kleinteilig regeln, kurz: im Zweifel für den Markt und gegen den Staat zu entscheiden – aber, großes Aber – für all das einen Ordnungsrahmen zu setzen. Der Staat also nicht als Nachtwächterstaat, wie das die Radikalliberalen wollen, sondern als starker Regelsetzer, das ist das Ordo am Ordoliberalismus.

Das war Eucken, und jetzt kommt der mittelalte Lars Feld dazu: Bei all dem müssen die Ökonomen nach links und rechts blicken, müssen die Spielregeln der Politik beachten, die Psychologie des Menschen, sogar Physik und Biologie. Wenn also gerne gesagt wird, die Ökonomen müssten sich heute, nach der Finanzkrise und angesichts der Euro-Schuldenkrise, neu erfinden, müssten aus ihrem Regelhaus kommen, dann sagt Feld: sind wir doch längst! Hätte man die Dinge ordnungspolitisch geregelt, wäre es zur Finanzkrise gar nicht gekommen, weil es nämlich für die Banker und Zocker klare Regeln und Verbote gegeben hätte.

Es hätte dann auch die ganze quälende Griechenland-Krise nicht gegeben, weil die Griechen viel früher am Schuldenmachen gehindert worden wären. Und man würde heute nicht in Deutschland darüber reden, wie viel Geld im Feuer steht, weil Deutschland gar kein Geld gezahlt hätte. Feld ist, natürlich, gegen Euro-Bonds, gegen eine Vergemeinschaftung der Schulden, gegen eine Schuldenunion. Er ist aber sehr für ein vereinigtes Europa mit europäischen Regeln, aber auf die müssen sich die Staaten, bitte schön, auch wirklich verständigen und erst dann vergemeinschaften.

So denkt Lars Feld, und dafür wirbt er. Nicht missionarisch, eher verschmitzt. Er liebt den Disput und ist für jedes Streitgespräch zu haben. Er diskutiert mit weniger prinzipienstrengen Kollegen, mit Politikern, mit Jürgen Trittin, er würde vermutlich auch mit Sahra Wagenknecht oder Yanis Varoufakis diskutieren, wenn man ihn fragte. Er hat Spaß am Wortgefecht, dann blitzen

**Im Zweifel für den Markt und gegen
den Staat entscheiden – aber,
für all das einen Ordnungsrahmen setzen.**

LARS FELD

die Augen, dann freut er sich, wenn er einen Punkt gemacht hat, wenn der Gegner sich verzettelt. Er selbst verzettelt sich selten, er denkt klar und hat alle Fakten im Kopf, oft auch alle Zahlen.

Hat so jemand noch ein Leben jenseits der Wissenschaft? In seinem Lebenslauf steht: Er liebt gutes Essen, geht gerne zum Fußball und mit Begeisterung zu Rock-, Pop- und Jazzkonzerten. Das gute Essen hält ihn in Freiburg und damit in der Nähe zu Frankreich, wo man sich so schön durch Viele-Gänge-Menüs schlemmen kann. Der Fußball führt ihn immer wieder nach München, denn er ist seit Beckenbauer-Hoeneß-Breitner-Zeiten Bayern-Fan, er kann wie der Altkanzler Schröder ganze Spielzüge aus den Siebzigerjahren nacherzählen.

Und für die Musik fliegt er mal eben mit seiner Frau nach Berlin zu Van Morrison, oder fährt nach Montreux zum Jazzfestival wegen der Soulröhre Lionel Richie, oder nach Hamburg zum Konzert der Altrocker Foo Fighters – das alles binnen weniger Monate. Dumm, dass sich der legendäre Dave Grohl, der Frontmann der Foo Fighters, kürzlich beim Fall von der Bühne kompliziert den Knöchel gebrochen hat und Konzerte abgesagt wurden. Aber das war, auch das weiß Feld, in Göteborg, also erst nach dem Auftritt in Hamburg. Auch hier: Glück gehabt.

Marc Beise

ZWEI LIEBLINGSBÜCHER *In den Ferien ein Sachbuch lesen? Warum nicht! Jürgen Kaubes Biografie von Max Weber hat Lars Feld beeindruckt. Er las sie zusammen mit Christopher Clarks Schlafwandlern und war dadurch in die Jahrhundertwende und den Niedergang des Kaiserreichs versetzt. „Es ist unglaublich, welchen gesellschaftlichen, ethischen, sozialen und politischen Veränderungen die Menschen damals ausgesetzt waren", sagt er. Als Roman empfiehlt der Ökonom „Monte Christo" von Martin Suter, weil der mit einer ungeheuren Dynamik und sehr spannend schreibe. „Man kann das Buch nicht aus der Hand legen, bis es zu Ende gelesen ist."*

KÄMPFER FÜR DEN FREIHANDEL

Gabriel Felbermayr scheut keine Auseinandersetzung. Das TTIP-Abkommen verteidigt der Ifo-Experte gegen viele Widerstände. Wissenschaft bedeutet für ihn, mit dem Finger auf Missstände zu zeigen, auch wenn es dabei ungemütlich wird.

D en 30. Januar 2014 wird Gabriel Felbermayr wohl nicht so schnell vergessen. Es ist der Tag, an dem der Volkswirt und Außenhandelsexperte quasi über Nacht bekannt wird. Es ist der Tag, an dem in der ARD ein Monitor-Beitrag über das geplante Freihandelsabkommen TTIP gesendet wird, der den damaligen EU-Handelskommissar Karel de Gucht in Erklärungsnot bringt – und wohl auch dazu beigetragen hat, dass de Guchts Job heute die Schwedin Cecilia Malmström macht. Der EU-Politiker bricht in dem Beitrag ein Interview ab, weil er offenbar wichtige Wachstumsprognosen für TTIP nicht kennt.

Irgendwie ist Felbermayr in diese Affäre verwickelt, auch wenn er sicher gern darauf verzichtet hätte. Eine der Studien, die den ehemaligen EU-Kommissar so aus dem Konzept brachte, stammt vom Münchner Ifo-Institut. Felbermayr und sein Team haben sie erstellt, es ging darin unter anderem um neue Arbeitsplätze, die durch ein transatlantisches Freihandelsabkommen entstehen könnten. Felbermayr kommt in der Sendung ebenfalls zu Wort, er muss sich rechtfertigen, dafür, dass Politik und Wirtschaft, und auch die Bundeskanzlerin Angela Merkel, immer wieder seine Untersuchung zitieren, wenn sie vom „Jobwunder TTIP" sprechen. Dabei habe er das nie so optimistisch

dargestellt, verteidigt er sich, damals im Fernsehen, genauso wie heute eineinhalb Jahre später: „Da wurden Zahlen bewusst falsch interpretiert", sagt der gebürtige Österreicher, der schon lange in Deutschland lebt. Das gelte für alle Seiten. „Da muss man auch der Politik den Vorwurf machen, dass sie das Kleingedruckte verschwiegen oder ignoriert hat."

Inzwischen haben sich die Wogen wieder geglättet. Es ist Anfang September, Felbermayr, Jahrgang 1976, sitzt in seinem kleinen Büro im noblen Münchner Stadtteil Bogenhausen. Das Ifo-Institut hat dort seinen Sitz in einer ruhigen Nebenstraße. Seit fünf Jahren leitet er das Ifo-Zentrum für Außenwirtschaft. Damit ist er für Welthandelsthemen zuständig, also auch für Freihandelsabkommen. Mit der Stelle ist eine Professur im Bereich Außenwirtschaftslehre an der LMU in München verknüpft. Felbermayr gehört zu den Wissenschaftlern, die öffentliche

Auseinandersetzungen nicht scheuen. Neben seinem ehemaligen Chef Hans-Werner Sinn ist er einer der bekannten Köpfe des Ifo-Instituts. Er ist ein Verfechter des globalen Handels und erforscht dessen Auswirkungen auf Arbeitsmärkte, Entwicklungsländer, Migration und die Klimaveränderung. Er macht sich offensiv für den Freihandel und Abkommen wie TTIP stark. Dafür muss er auch Kritik einstecken, persönliche Angriffe eingeschlossen. „Das war eine neue Erfahrung, die mich schon irritiert hat", sagt er. Trotzdem würde er es jederzeit wieder so machen. „Freihandel ist ein so wichtiges Thema. Dafür lohnt es sich aufzustehen und sich in den Shitstorm zu stellen." Aber auch er mache Fehler. „Dann muss man die unangenehme Wahrheit eingestehen, dass man ungenau formuliert oder etwas Missverständliches gesagt hat."

Felbermayr geht es nicht darum, die gängigen Theorien in seinem Fachgebiet auf den Kopf zu stellen. Er sei „ein Mainstream-Außenwirtschaftsmann", sagt er über sich. „Ich vertrete keine heterodoxen Ansichten, grundsätzliche Erkenntnisse stelle ich nicht infrage. Mainstream bedeutet aber noch lange nicht, dass alles in Ordnung ist." Mit dem Finger auf Missstände zeigen, auch so versteht er seine Aufgabe als Wissenschaftler.

Aufgewachsen ist er in Bad Hall in Oberösterreich. Eine idyllische Gegend, das Leben verläuft dort in ruhigen Bahnen. Dorthin zieht es ihn auch immer wieder zurück. Mit seiner Frau und den Kindern verbringt er regelmäßig Ferien in einem Häuschen in den Bergen. Ein Ort, an dem die Kühe grasen und kein Nachbar sich daran stört, wenn ein Lagerfeuer brennt oder Lärm gemacht wird. Schon Felbermayrs Vater hat dort gewerkelt. Nun habe er das übernommen, mit allem was dazu gehöre, sagt er. Mit einer Kettensäge könne er durchaus umgehen: „Ich weiß, wie man einen Baum fällt, ohne dass er einem auf den Kopf fällt." Diesen Ausgleich zu seiner wissenschaftlichen Arbeit will er nicht missen.

Gesellschaftliche Zusammenhänge hätten ihn schon als Kind interessiert, erzählt er. Doch was muss man studieren, um die Mechanik des Weltgeschehens zu verstehen? Felbermayr schwankte zwischen Mathematik, Geschichte, Physik und entschied sich am Ende doch für die Volkswirtschaftslehre. Er studierte in Linz an der Johannes Kepler Universität Handelswissenschaften und VWL, später promovierte er in Florenz.

Besonders beeindruckt, sagt er, haben ihn im Studium zwei Professoren: Volker Gadenne, der Philosophie und Wissenschaftstheorie lehrt, und Wilhelm Kohler, ein Außenhandelsexperte, der inzwischen in Tübingen unterrichtet. Kohler bezeichnet er gar als seinen Mentor. „Er hat damals mit großem Schwung die Außenwirtschaft in Linz neu aufgesetzt", erzählt Felbermayr. „Die Mächtigkeit des Theoriegebäudes hat mich fasziniert, der schon fast größenwahnsinnige Ansatz, nicht nur einen Teil, sondern gleich die ganze Welt verstehen zu wollen." Und so zog es auch Felbermayr in die Wissenschaft. Seine erste Professorenstelle trat er 2008 an der Universität Hohenheim in Baden-Württemberg an, 2010 wechselte er nach Bayern.

Die Vorteile seines Forscherlebens weiß er zu schätzen. Dazu hat auch ein Abstecher in die Wirtschaft beigetragen. Nach der Promotion arbeitete er kurz für die Beraterfirma McKinsey: Kostenabbau im Bankensektor. „Ich habe schnell gemerkt, dass die wissenschaftliche Freiheit ein hohes Gut ist, das sich für mich nicht mit finanziellen Entschädigungen wettmachen lässt", sagt er.   *Silvia Liebrich*

ZWEI LIEBLINGSBÜCHER Diese beiden Werke haben Gabriel Felbermayr besonders beeindruckt: „Warum Nationen scheitern" von Daron Acemoğlu und James Robinson, ein Buch über die Ursprünge von Macht, Wohlstand und Armut und die Bedeutung von Institutionen für den wirtschaftlichen Wohlstand. Außerdem: „Die Mathematik des Daseins – Eine kurze Geschichte der Spieltheorie" von Rudolf Taschner. Der Wiener Mathematiker erklärt darin sehr verständlich die gemeinsamen philosophischen Hintergründe von Ökonomik, Physik und Mathematik.

KARTOGRAF DER RISIKEN

Der Volkswirt Uwe Sunde meint, dass nicht die Logik,
sondern menschliche Eigenschaften wie Vertrauen, Geduld
oder Neid die Basis der Ökonomie bilden.
Erfolg hat, wer bereit ist, Wagnisse einzugehen.

Unscheinbar und versteckt stehen die beiden Worte zwischen lauter Formeln und Notizen: „Disease and Conflict", also Krankheit und Konflikt – die kleinen Schlagworte auf der weißen Tafel in Uwe Sundes Büro sind der Schlüssel zu einer großen Frage: Warum haben sich einige Länder auf der Welt in der Geschichte wirtschaftlich kaum entwickelt, während andere ein steiles Wachstum hingelegt haben? Kleiner macht Sunde es nicht. Was ihn interessiert, sind die großen, die grundlegenden Fragen. Klar trage diese Neigung auch das Risiko in sich, mal grandios zu scheitern. Aber das merke er immer erst im Nachhinein, sagt Sunde. Bei der Arbeit stelle sich die Frage gar nicht. „Denn die grundlegenden Fragen sind doch die wichtigen, die faszinierenden."

Dass Uwe Sunde ganz gut darin ist, nicht nur die richtigen Fragen zu stellen, sondern hin und wieder auch eine Antwort zu finden, das sieht man schon daran, dass er nun hier sitzt, in diesem schmucklosen Büro, geboren 1972 und bereits Professor für Bevölkerungsökonomie in München. Im Jahr 2015 gewann er den Gossen-Preis, eine der wichtigsten deutschen Auszeichnungen für Ökonomen.

Fragt man Sunde allerdings selbst, dann gibt es für diesen Erfolg vor allem einen Grund: Glück. So viele Wegmarken seiner Karriere bezeichnet er als Glücksfall, dass man schon bald aufhört, ihm zu glauben. Zum Beispiel bei der Frage, warum er überhaupt Ökonom geworden ist – eine Einladung zu einer heroischen Erzählung über Neugier und Berufung eigentlich. Aber Sunde sagt: „Ich wusste überhaupt nicht, was ich machen sollte, nach dem Abitur. Aus Not wählte ich VWL, ich dachte, da kriege ich später mal einen guten Job." Pures Glück also.

Dass er immer nur an guten Universitäten landete? Natürlich auch Glück, als junger Mann wusste er ja nicht, dass München und Bonn hervorragende Standorte waren. Dann der Job bei der Bank, mit dem er sich das Studium finanzierte, und der ihm zeigte, dass er zwar gerne angewandte Arbeit betreibt, es in einer Bank dann aber doch zu angewandt zugeht – man könnte wohl auch sagen: hemdsärmlig.

Die Zeit in England, wo er merkte, welcher Spaß darin liegt, sich ganz einfach mit dem zu beschäftigen, was einen interessiert. Das Jahr als Doktorand in Spanien – „alle anderen wollten nach London, ich entschied mich für Barcelona, weil es dort schöner, wärmer und billiger war, und für meine Interessen mindestens genauso gut". Sunde erlebte dort, was er heute „die Wende" nennt, er fand endlich seine Themen: Wirtschaftswachstum, Einkommensverteilung, Arbeitsmarkt. Mit fünf anderen Forschern saß er in einem winzigen Büro, das ganze Jahr über diskutierten sie über nichts als Ökonomie. Aus Forscherdrang? „Nö, aus Machismo, aus Streitlust, um zu sehen, wer der Stärkere war beim Argumentieren." Hier lernt Sunde den Spaß am intellektuellen Wettstreit kennen.

All diese Bausteine einer Karriere, die sicher nicht aus Glück, aber bestimmt auch nicht aus Streberhaftigkeit so gut zusammenpassen. Wahrscheinlich ist es am Ende die simple Fähigkeit, der Welt offen gegenüberzutreten und von jeder Gelegenheit zu profitieren.

2004, da ist Sunde gerade einmal 31 Jahre alt, gelingt ihm der Durchbruch. Er stellt die Frage nach Gründen für Wachstum hier und Stillstand dort. Laut der bisherigen Forschung wird irgendwann alles gleichmäßig besser: Wirtschaft und Einkommen wachsen, der Bildungsstandard wächst, die Gesundheitsversorgung wird besser – und alle diese Parameter bedingen und befördern sich gegenseitig. „Die offene Frage war aber", sagt Sunde, „wie das Wachstum überhaupt startet." Seine Erklärung: Im Zentrum steht eine steigende Lebenserwartung, sie ist der Schlüssel für alles Weitere. „Denn wenn ich höchstwahrscheinlich mit 30 Jahren sterbe, macht es wenig Sinn, erst mit 28 meine Ausbildung abzuschließen." Leben die Menschen aber länger, investieren sie mehr in die eigene Ausbildung, das kommt der Wirtschaftsentwicklung zugute und am Ende auch wieder der Lebenserwartung. Ein sich selbst verstärkender Effekt, der mit der Zeit immer stärker an Momentum gewinnt.

Wer es also ernst meint mit dem Wunsch, wirtschaftlich unterentwickelte Regionen der Welt nach vorne zu bringen, der kommt an den beiden Schlagworten, die da an der Tafel stehen, nicht vorbei: Er muss Krankheiten und Konflikte bekämpfen, denn sie sind es in erster Linie, die die Lebenserwartung in der sogenannten Dritten Welt stark einschränken.

Sundes Ergebnisse waren ein Bruch mit der herrschenden Lehre, nach der zuerst die staatlichen Institutionen gestärkt werden sollten und alles Weitere sich dann schon finden würde. „Aber was hält die Menschen denn wirklich von einer Ausbildung ab? Wenn sie wissen, dass sie bald sterben, egal, ob durch Krankheiten oder Gewalt, gehen sie nicht zur Schule – auch wenn es vielleicht gute Schulen gibt." Auch wenn Sunde selbst jeden Absolutheitsanspruch von sich weist und seine Ergebnisse als guter Wissenschaftler noch immer als Hypothese bezeichnet: Bis heute wurde die Arbeit nicht widerlegt. Und auch Promi-Ökonomen wie Jeffrey Sachs sprechen sich dafür aus, in Afrika Moskitonetze zur Malariabekämpfung zu verteilen. Die Stiftung von Bill und Melinda Gates sieht darin eine ihrer Hauptaufgaben.

Sunde schaffte es mit der Arbeit in die *American Economic Review*, die weltweit wichtigste Fachzeitschrift für Ökonomen. „Dieses Papier war meine Karriere", sagt er heute, „danach war klar, dass ich wahrgenommen werde und dass ich eine gute Stelle kriegen würde." Auch diesen Erfolg kann er natürlich mit Glück erklären: Bei einer Konferenz hatte er zuvor seine Ergebnisse vorgetragen, im Publikum saßen dabei Kollegen, die später seine eingereichte Arbeit bewerten sollten. Glaubt Sunde zumindest.

Arbeiten mit einer derart praktischen Anwendbarkeit sind nicht unbedingt das, was Laien landläufig von Ökonomen erwarten. Und sie waren auch lange nicht die Norm, meint Sunde: „Es ist nicht lange her, dass man als Ökonom zweiter Klasse angesehen wurde, wenn man Empirie betreiben wollte." Inzwischen haben es eher die reinen Theoretiker schwer. Der Erfolg von Wissenschaftlern wie Sunde hat daran sicher einen Anteil.

Er glaubt, dass der weitverbreitete schlechte Ruf von Ökonomen auch daher rührt, dass sie als weltfremde Fachleute gesehen werden, die der Realität ihre Theorien und Modelle aufzwingen wollen. „Dabei ist die Ökonomik doch ganz einfach die Wissenschaft von unserem menschlichen Verhalten."

Schließlich seien menschliche Eigenschaften wie Vertrauen, Geduld, Neid oder Altruismus die Basis der Volkswirtschaft. Und weil er am liebsten die grundlegenden Fragen stellt, forscht Sunde schon seit Langem auch in diese Richtung: Mit aufwendigen Befragungen weltweit haben Sunde und seine Bonner Kollegen Armin Falk und Thomas Dohmen so etwas wie eine Weltkarte der persönlichen Präferenzen erstellt. Wo leben also die geduldigsten Menschen, wo die vertrauensvollsten und wo die risikofreudigsten – und wie hängt das mit ihrer Ausbildung, mit ihrem Elternhaus oder ihrer Intelligenz zusammen?

Ein Ergebnis: Geduldige Länder, geduldige Regionen und auch einzelne geduldige Menschen sind im Durchschnitt wohlhabender als andere, produktiver und besser ausgebildet. Damit schlagen die Ergebnisse eine erste Brücke zwischen individuellen Präferenzen und dem wirtschaftlichen Wohlergehen ganzer Länder. Unklar ist, woher die unterschiedlichen Vorzüge kommen, gemessen sind sie nach den Regeln der Kunst. Dabei kommt es nicht so sehr darauf an, ob man offensichtliche Unterschiede zwischen Ländern und Regionen, etwa in der gemessenen oder subjektiv empfundenen Qualität der Institutionen oder Lebenserwartung herausrechnet, oder nicht.

Allerdings: Wer ein langes Leben vor sich hat, ist wahrscheinlich geduldiger als jemand, der mit hoher Wahrscheinlichkeit früh stirbt. Vielleicht ein Anknüpfungspunkt zu seiner Forschung über die große Bedeutung der Lebenserwartung?

Klar ist für Sunde in jedem Fall: Die risikofreudigsten Menschen Deutschlands kommen aus Garmisch-Partenkirchen. Das zeigt zumindest seiner Forschung. Für Sunde ist das jetzt keine große Überraschung. Schließlich kommt er selbst von dort.

Malte Conradi

*ZWEI LIEBLINGSBÜCHER Oded Galor: „Unified Growth Theory" –
dieser wissenschaftliche Text habe sein Weltbild verändert, sagt Sunde.
Die Theorie versucht zu verstehen, wie es zum Übergang von Stagnati-
on zu Wachstum kommt. Sunde selbst greift diese Theorie auf, die auch
die erste ist, die die Lebenserwartung in den Mittelpunkt stellt. Galor
hat den Grundstein zu diesem Literaturstrang gelegt, im Buch fasst er
seine Ergebnisse zusammen. Galor hat Sunde bei seiner Arbeit immer
wieder unterstützt.
Harry Mulisch: „Das Attentat". Das Buch findet Sunde aus zweierlei
Hinsicht sehr beeindruckend. Zum ersten verdeutliche es, wie schwierig
es ist zu unterscheiden, was richtig und was falsch ist, weil man immer
nur einen eingeschränkten Informationsstand hat. Das sei auch in der
Wissenschaft so, wo es selten richtig oder falsch, wahr oder unwahr
gibt, sondern oftmals nur theoretische Standpunkte oder Evidenz, die
auf Annahmen basieren, die oft nicht getestet werden können. Zum
zweiten spiele in dem Buch die Zeit und die Unumkehrbarkeit von
Geschehnissen eine große Rolle. Das sei auch in der Welt nichtlinearer
Entwicklungsdynamiken so, die Sunde vor Augen hat, wenn er über
langfristige Entwicklung nachdenkt (Stichwort: Unified Growth Theory).*

**Es ist nicht lange her, dass man
als Ökonom zweiter Klasse angesehen wurde,
wenn man Empirie betreiben wollte.**

UWE SUNDE

Auf den Menschen kommt es an

ARBEIT, FAMILIE UND BILDUNG

FAKTOR MENSCH

Die Erforschung von Lebensverhältnissen gehört zum Kern der Wirtschaftstheorie: Wie Menschen arbeiten, welche Rolle Erziehung und Bildung spielen und was das für die Wirtschaftspolitik bedeutet. Die Erkenntnisse sind heute zugleich vielschichtiger und präziser denn je.

Soll man Marihuana legalisieren, aber den Konsum durch Steuern eindämmen? Hat ein Kind später mehr Chancen im Beruf, wenn es frühzeitig in die Kita kommt? Warum verdienen Männer überhaupt mehr als Frauen? Alles Fragen, mit denen sich Ökonomen heute beschäftigen. Und das wird manchen Bürger überraschen, der die Volkswirtschaft nach wie vor ausschließlich im Feld abstrakter Fragestellungen verortet, die – wie die Suche nach der richtigen Wirtschaftspolitik – zwar wichtig sein können, im Laufe der Anstrengung aber nicht einmal eindeutig beantwortet werden.

Ja, die Ökonomie ist bunter geworden. Der Themenparcours vom Kiffen über die Kita bis zur gerechten Bezahlung zeigt schon, wie sehr sich die Forschung in den vergangenen Dekaden verändert hat. Und das gilt gerade für Felder wie Arbeitsmarkt, Bildung und Gesundheit, deren Experten in diesem Kapitel vorgestellt werden. Es passt ins Bild, dass neue Subdisziplinen der Volkswirtschaft wie die Familienökonomie entstanden sind. Vorbei sind die Hochzeiten extrem theoretischer Modelle mit perfekter Information oder homogenen und stets rationalen Akteuren. In die Ökonomie beginnen Menschen einzuziehen, wie sie wirklich sind, oder zumindest sein könnten.

Allgemein lässt sich feststellen, dass die Interessen deutlich breiter geworden sind, bis hin zur Legalisierung des Kiffens, der sich die Ökonomin Michelle Sovinsky widmet. So untersuchte etwa die Bildungsökonomie früher vor allem eine Frage wie jene, ob ein Mensch durch mehr Bildung sein persönliches Einkommen steigern kann, und ob dadurch vielleicht die Steuereinnahmen zunehmen. Inzwischen kümmern sich Ökonomen auch darum, ob mehr Bildung die Kriminalität reduziert, den allgemeinen Gesundheitszustand verbessert – oder ein Land demokratischer werden lässt.

Die Erkenntnisse werden mehrdimensionaler und vielschichtiger, und damit für die Gesellschaft sowohl spannender als auch leichter nutzbar. Jedenfalls dann, wenn die Wissenschaftler in der Lage sind, sich verständlich auszudrücken oder ihre Ergebnisse von fähigen Fachkräften aufbereitet werden, was nicht immer der Fall ist.

Die Berliner Forscherin Miriam Beblo ist eine von jenen, die sich mit der unterschiedlichen Bezahlung von Männern und Frauen beschäftigen. Und damit mit einem Thema, das die Zeitgenossen interessiert, das aber Generationen von Ökonomen nicht antasteten, weil es im unwegsamen Gelände moralischer Fragen wie jener nach Gerechtigkeit liegt.

Die neuen Ökonomen verlassen den volkswirtschaftlichen Vorgarten und streunen durch benachbarte Disziplinen. Etwa durch die Pädagogik, durch die Soziologie oder durch die Psychologie. Das erweitert nicht nur ihr Themenspektrum, sondern auch ihre Methoden. So legt der Bonner Ökonom Armin Falk Probanden unter den Gehirnscanner, um zu ermitteln, wie jemand unfaire Behandlung aufnimmt. Und Wissenschaftlerin Beblo gibt sich nicht mit den üblichen günstigen Studentenexperimenten zufrieden, wenn sie das finanzielle Verhalten von Paaren untersucht. Sie lädt echte Paare ins Labor, um sie Entscheidungen simulieren zu lassen. Und stellt dabei fest, dass Männer in finanziellen Fragen bestimmen, wenn sie mehr verdienen – und dies umso mehr ins Wanken

gerät, je mehr die Frau zum gemeinsamen Einkommen bei-
steuert.

Die Anleihen bei anderen Wissenschaften ermöglichen es,
Fragen zu beantworten, an denen die traditionelle Theorie gescheitert ist. Die alten Modelle rationaler und gleicher Individuen mit perfekter Information erklären nicht, warum mancher Arbeitsloser schwerer den Wiedereinstieg in den Beruf
finden kann als andere. Dabei ist die Psychologie hilfreich, die
Menschen nach bestimmten Typen klassifiziert, vom Extrover-
tierten über den Verlässlichen bis zum Neurotiker. So liefert sie
Hinweise darauf, warum selbst Arbeitnehmer mit der gleichen
Qualifikation bei der Jobsuche unterschiedlich erfolgreich agieren – was für eine Gesellschaft angesichts der hohen Kosten von
Arbeitslosigkeit brennend wichtig ist.

Es befinden sich nicht nur Themen und Methoden im Wandel, sondern auch die Art der Forschung. „Früher entwickelten
Ökonomen Theoriegebäude“, sagt der Arbeitsmarktforscher
Hilmar Schneider. „Sie fassten die Welt in Parameter, die sie
zu validieren versuchten. Da lassen sich aber keine kausalen
Effekte erkennen.“ Inzwischen, sagt Schneider mit ironischem
Unterton, „schickt sich die Ökonomie an, eine richtige Wissen-
schaft zu werden.“ Weil sie sich nicht mehr mit Zusammenhän-
gen zufriedengibt, sondern Wirkungsketten entschlüsseln will,
kausale Effekte. Beispielhaft steht dafür der Nobelpreisträger
James Heckman mit seinen Studien zum Nutzen frühkindlicher
Betreuung, die den Erfolg am Arbeitsmarkt deutlich erhöht.

Am Beispiel der frühkindlichen Betreuung lässt sich erkennen, wie anders Ökonomen heute arbeiten. Früher hätten
sie Korrelationen untersucht und festgestellt, dass Kinder, die
früh eine Kita besuchen, später häufig ins Gymnasium gehen.
Das aber ist nur ein Zusammenhang, keine echte Wirkungsket-
te. Denn früh in die Kita geschickt werden vor allem Kinder aus
bestimmten gesellschaftlichen Gruppen wie Akademikern, die
ohnehin häufiger aufs Gymnasium gehen als andere. Um einen
echten Effekt herauszufiltern, muss untersucht werden, was der

Kitabesuch von Kindern jeder einzelnen Schicht verändert – und wo genau deshalb politische Reformen ansetzen können.

Solch detaillierte Arbeit ist möglich geworden, weil den Forschern heute viel mehr und viel genauere amtliche Daten zur Verfügung stehen. „Davon hat man vor 30 Jahren nur geträumt", sagt die Berliner Bildungs- und Familienökonomin Katharina Spieß. Bahnbrechend für die ganze Ökonomik sei die Arbeitsmarktforschung gewesen. Der Moment etwa, in dem die Bundesagentur für Arbeit eine Fülle von Informationen zur Verfügung stellte, die vorher öffentlich nicht zugänglich waren. Inzwischen gibt es spezielle Datenzentren, in denen Wissenschaftler kontrolliert forschen können, ohne dass der hochsensible Schutz persönlicher Daten verletzt wird. „Sie können keinen Stick in den Computer stecken und die Daten in der Tasche mitnehmen – alles ist anonymisiert", erzählt Spieß. Wissenschaftler gehen nur mit ihren Erkenntnissen nach Hause, nicht mit den einzelnen Daten.

Spieß begrüßt den Schwenk zu Wirkungsketten in der Forschung, mahnt dabei aber genügend Raum für anderes an, was die Ökonomie auch leisten könne: Nicht nur Kausaleffekte ermitteln, sondern auch Kosten-Nutzen-Abwägungen machen. „Wenn man das Wort Effizienz in den Mund nimmt, bekommen viele Nichtökonomen das Gruseln. Sie sagen: Man kann doch bei kleinen Kindern nicht mit Effizienz kommen. Doch! Es geht darum, knappe Mittel so einzusetzen, dass das maximal Mögliche erreicht wird."

Ein anderer Trend ist, dass sich der Fokus etwa in der Arbeitsmarktforschung häufig von der Makro- zur Mikroökonomie verschiebt. Noch 2010 erhielten Christopher A. Pissarides und zwei weitere angelsächsische Gelehrte den Nobelpreis für ihre Studien über Suchprobleme und Informationskosten am Arbeitsmarkt – warum gibt es oft gleichzeitig viele Arbeitslose und viele offene Stellen? Das steht in der Tradition makroökonomischer Modelle, die in früheren Jahrzehnten im Zentrum standen. Noch in den Achtzigerjahren war das große Thema die berühmte Phillips-Kurve der Nachkriegszeit, die den Zusammenhang von Lohnsteigerungen beziehungsweise Inflation und Beschäftigung untersucht und Politiker wie Helmut Schmidt zu der Bemerkung verleitete, fünf Prozent Inflation seien besser als fünf Prozent Arbeitslose.

Inzwischen dominierten mikroökonomische Fragestellungen die Arbeitsmarktforschung, analysiert Hilmar Schneider, der seit Kurzem das Bonner Institut zur Zukunft der Arbeit leitet. In Makrofragen sei es für Forscher oft schwer, noch etwas Innovatives zu leisten. Außerdem seien die Modelle häufig extrem komplex und durch Daten kaum validierbar. Sie verfehlten manchmal das Ziel, sagt er, und erklärt das am Beispiel der Ungleichheit, die gerade viele Ökonomen beschäftigt.

In einem Makromodell ist es wichtig, wie groß das Kapital ist, das sich für Investitionen mobilisieren lässt. Schneider sagt: „Ob das Kapital gleichmäßig verteilt ist oder einer alles hat, spielt im Makromodell keine Rolle – in der Realität aber sehr wohl." Ähnlich sei es bei Mindestlöhnen oder Minijobs, die sich nicht in Makromodelle integrieren ließen.

Zu den Mikrothemen zählt die Bezahlung von Männern und Frauen genauso wie die Frage, warum manche Völker wie die Amerikaner mehr arbeiten als andere. Die Ökonomin Nicola Fuchs-Schündeln fand heraus, dass die Amerikaner nicht einfach fleißiger sind oder ihre längeren Arbeitszeiten nur durch kürzeren Urlaub zu erklären sind. Sondern dass es dafür auch hausgemachte politische Gründe gibt. So wie die deutsche Besonderheit des Ehegattensplittings im Steuerrecht, das den größten Vorteil gewährt, wenn die Frau zuhause bleibt und damit Frauen vom Beruf abhält.

Diese Untersuchung des Arbeitsvolumens steht geradezu beispielhaft für den starken Trend in der Ökonomie: Eine Mikrofrage, an der sich Wirkungsketten herausarbeiten lassen. Und die führen dann zu einem gesellschaftlich relevanten Ergebnis, das zu einer politischen Kurskorrektur herausfordert.

Alexander Hagelüken

DIE FRAU, DIE DIE ZAHLEN LIEST

*Warum Amerikaner besonders viel arbeiten
und Deutsche so gern sparen: Nicola Fuchs-Schündeln
steigt tief in die Statistiken ein und findet dort
Muster und Erklärungen für menschliches Verhalten.*

Ein Gruß via Skype über den Atlantik, wie ist es so in Stanford? Entspanntes Lächeln auf dem Bildschirm: Großartig natürlich. Der Raum wirkt karg, das grob gezimmerte Bücherregal hinter Nicola Fuchs-Schündeln, geboren 1972, ist leer. In Frankfurt, an der Goethe-Universität, sieht das anders aus, dort arbeitet die Professorin in anregender Umgebung. Als man sie dort im Jahr 2009 auf einen Lehrstuhl für Makroökonomie und Entwicklung berief, wurde das weithin beachtet. Denn die gebürtige Kölnerin gab für die Bankenstadt am Main eine amerikanische Bilderbuchkarriere auf. Sie hat an Elite-Universitäten der Ostküste gelernt und geforscht, wurde in Yale promoviert, seit 2004 arbeitete sie als Assistenzprofessorin in Harvard. Fuchs-Schündeln ist ein Star und eine der wenigen Frauen in der international gestählten deutschen Ökonomenszene – und nun kam sie tatsächlich wieder zurück nach Deutschland.

Das Büro, technisch und optisch vom Feinsten und ganz sicher attraktiver im Vergleich zu jenem im alten Harvard-Gemäuer, hätte ein Grund sein können und war es natürlich nicht, stattdessen nennt sie den Wunsch, mit der Familie – Mann und drei Söhne – wieder in die Heimat zu kommen: „So schön das war in den USA, irgendwie ist man doch immer nur Gast", sagt sie. Und nennt ferner den Aufbruchsgeist, der an den deutschen Universitäten herrsche. (Und der, darf man ergänzen, auch dazu führt, dass man den Umworbenen den roten Teppich ausrollt.)

Das sind schon mal drei Punkte, die als exemplarisch für die neue deutsche Ökonomen-Generation gelten können: Der Drang, in den Vereinigten Staaten an den besten Universitäten zu bestehen, mit der eigenen Forschung in die besten Journals der Welt zu kommen. Dann aber auch die Verlockung der Heimat. Und eine deutsche Forschungslandschaft im Umbruch: „Gerade mit Blick auf Europa ist da so viel Dynamik drin", sagt Fuchs-Schündeln. Als Draufgabe gibt es die Möglichkeit der Politikberatung, sie selbst ist beispielsweise im Wissenschaftlichen Beirat von Bundesfinanzminister Wolfgang Schäuble und Mitglied europäischer Beratungsgremien.

2015 also Stanford, die berühmte Universität im Herzen des Silicon Valley, der Inspirationsherd der Apple-, Google- und Facebook-Generation, Heimat so vieler Nobelpreisträger. Für ein Jahr darf sie hier sein auf diesem weiträumigen Campus nahe dem Pazifik, darf forschen und Netzwerke pflegen, und wieder leuchten die Augen. Dass die Regale leer sind, stört da nicht, zumal sie sowieso eher mit „Papers" arbeitet. Bücher sind geduldig, Aufsätze sind der Katalysator der Spitzenforscher, wie Nicola Fuchs-Schündeln eine ist.

WARUM UND WIE SPAREN MENSCHEN?
DAS ZU WISSEN IST WICHTIG FÜRS RENTENSYSTEM

Ihr Ansatz ist weniger ordnungspolitisch, also grundsätzlich, sondern empirisch. Das heißt, sie steigt tief in die Daten ein, analysiert und wertet aus. Ihr Thema ist dabei das Verhalten von Haushalten und ihr Einfluss auf die Makroökonomie. Sie forscht einerseits über den Arbeitsmarkt, über das Konsum- und Sparverhalten. Und pflegt andererseits ein Gebiet, das die Ökonomen „Endogenität von Präferenzen" nennen: Welchen Einfluss hat das politische und wirtschaftliche System auf die Vorlieben der Menschen? Das ist relativ neu, die klassische Ökonomie setzt die Präferenzen als extern voraus, die das wirtschaftliche Verhalten steuern, wer „endogen" denkt, wagt den Blick in den Menschen.

Bekannt wurde sie mit Analysen über das Verhalten der Ostdeutschen nach der Wiedervereinigung. Sie arbeitete dabei eng mit Alberto Alesina zusammen, dem ehemaligen Dekan der Harvard-Ökonomen; der nennt sie „außergewöhnlich schlau". Warum Menschen wie sparen, ist zum Beispiel wichtig für die Frage, wie das Rentensystem gebaut sein sollte. Darüber gab es früher viel Theorie und wenig wirklich praxiserprobte Erkenntnis. Bis die junge Deutsche in Harvard den Umstand nutzte, dass es parallel zwei deutsche Staaten gab, in denen die Menschen sehr unterschiedliche Einkommen und Einkommensrisiken hatten, ehe alles zusammenkam und man beobachten konnte, was nun passierte.

Das Thema lässt sich weiten. Wenn sie nachweist, dass die Demokratie nicht grundsätzlich attraktiv ist, sondern dass Menschen sich an Staatsformen gewöhnen, findet das Beachtung auch in der Politikwissenschaft. Denn das heißt einerseits, dass Bürger, je länger sie in einer Demokratie leben, desto stärker diese Staatsform befürworten. Nur gilt das eben auch umgekehrt, dass der Gewöhnungseffekt auch Diktaturen zugutekommt.

Aktuell beschäftigt sie die Frage, warum Amerikaner in der Summe so viel mehr Arbeitsstunden leisten als Europäer. Übrigens auch mehr als die Deutschen, die sich doch gerne als Weltmeister der Arbeit stilisieren. Das hängt, klar, an der Zahl der Urlaubstage, die bekanntlich in Deutschland besonders zahlreich sind, aber das ist nicht alles. Fuchs-Schündeln gräbt tiefer, bricht die Daten runter, taucht ein in Details, um nicht leichtfertig Äpfel mit Orangen zu vergleichen, wie die Amerikaner sagen – und hat festgestellt, dass ein Grund für die Unterschiede im Arbeitsvolumen das Steuerrecht ist. So ist das deutsche Einkommensteuerrecht mit dem Ehegattensplitting, das Verheiratete gegenüber unverheiratet Zusammenlebenden besserstellt, arbeitsfeindlich, weil es die Frauen nicht ausreichend motiviert. Wer mehr Fachkräfte gewinnen will, muss das Steuersystem ändern; darüber wird in der deutschen Politik immer wieder gestritten.

MIT IHREM MANN – EBENFALLS EIN ÖKONOM – HAT SIE SICH IMMER IM DOPPELPACK BEWORBEN

Nicola Fuchs, die mit Matthias Schündeln verheiratet ist, ist zu sehr Wissenschaftlerin, als dass sie sich vom Ehegattensplitting, das die Hausfrauenehe forciert, beeinflussen ließe. Sie hat so viel Kraft, dass sie ihr akademisches Glück gemacht hat, obwohl sie die klassische Bürde der arbeitenden Akademikerin zu tragen hat, die ausgerechnet in dem Jahrzehnt zwischen 30 und 40, in dem man die Karriere festigt, Kinder aufzieht. In ihrem

Fall hilft der Mann. Nicht nur, weil der auch Professor ist, was manches erleichtert, sondern auch, weil die beiden sich immer auch beruflich als Einheit verstanden haben. Von Anfang an gingen sie ihren Berufsweg zusammen, bewarben sich immer im Doppelpack, arbeiteten immer an derselben Institution. Erst in Yale, jetzt in Stanford, und bald wieder in Frankfurt. Dort ist Herr Schündeln Professor für Entwicklungsökonomie.

Marc Beise

ZWEI LIEBLINGSBÜCHER Als die Kinder klein waren, blieb für Fachfremdes wenig Zeit. Jetzt wird es langsam besser, sagt Nicola Fuchs-Schündeln, und freut sich auf fiktionale Literatur. Besonders gefallen hat ihr von Wolf Haas: „Das Wetter vor 15 Jahren". Ein Roman mit ungewöhnlicher Erzähltechnik, verfasst in der Form eines Interviews, das eine Literaturkritikerin mit einem (fiktiven) Wolf Haas über sein, ebenfalls fiktives Buch führt, in dem es um einen sonderbaren „Wetten, dass..?"-Kandidaten geht.

Ein ökonomisches Lieblingsbuch mag Fuchs-Schündeln eigentlich nicht nennen: „Ich bin nicht der Typ, der sich von einem Klassiker prägen lässt." Nach langem Nachdenken sagt sie dann: Sheryl Sandberg: „Lean in". Das hat sie gerade gelesen, um auch das Silicon Valley besser zu verstehen. Wie die Facebook-Managerin über Frauen und Erfolg schreibt, sei beeindruckend.

Wer mehr Fachkräfte gewinnen will, muss das Steuersystem ändern.

NICOLA FUCHS-SCHÜNDELN

LETZTE CHANCE
FÜR GUTE SCHULEN

*Der Münchner Bildungsforscher Ludger Wößmann kann Daten
lesen und daraus klare Ansichten formulieren.*

Am Frühstückstisch bei Familie Wößmann gibt es zuweilen Aha-Effekte. Nicht in der Form, dass die drei Kinder – sechs, neun und elf – dem Familienvater neue Ideen für seine Forschung zutragen, durch ihre Erlebnisse im Bildungssystem. Es ist umgekehrt: Ludger Wößmann, Jahrgang 1973, Professor für Volkswirtschaftslehre an der Münchner Ludwig-Maximilians-Universität und Leiter des Zentrums für Bildungsökonomik am Ifo-Institut, erkennt da zwischen Tee und Brötchen: Die individuelle Erfahrung bestätigt seine Sicht der Dinge, passt zu diesem oder jenem Modell.

Wößmanns Arbeiten hantieren meist mit Schülerdaten en gros. Sie drehen sich um die Frage, was langfristigen Wohlstand, schulische Leistungen und Chancengerechtigkeit beeinflusst; und wie erfolgreiche oder versäumte Bildung sich auf die Volkswirtschaft auswirkt, als Impuls oder als Kostenfaktor. Systematisch, mit repräsentativen Daten. Es gibt in Deutschland ja bekanntlich nicht nur 80 Millionen Bundestrainer, die ihre Wunschaufstellung für Fußballspiele als Ideal preisen, sondern es gibt gleichermaßen 80 Millionen Bildungsminister. „Das ist auch ein Problem", sagt Wößmann. „Jeder ist Experte, jeder war mal Schüler und hat seine eigene Perspektive, die er auf das Gesamtsystem überträgt." Mit aussagekräftigen Daten sehe man dagegen, dass sich eigene Erfahrung manchmal verallgemei-

nern lässt, Stichwort: Gespräch am Frühstückstisch. „Oft aber gerade nicht. Die Wissenschaft kann vernünftige Positionen entwickeln, und wird nicht nur in der Talkshow aus dem Bauch heraus die Meinung kundtun."

Wößmann gilt mit Anfang 40 als einer der profiliertesten Bildungsökonomen der Republik. Er ist, eben durch das Metier, zu dem jeder Bürger einen Bezug hat und das seit dem Pisa-Schock einen neuen Stellenwert in der Gesellschaft einnimmt, medial präsenter als viele Vertreter seiner Zunft, der Volkswirtschaftslehre. Und nicht zuletzt durch ein populärwissenschaftliches Buch – „Letzte Chance für gute Schulen – Die 12 großen Irrtümer und was wir wirklich ändern müssen" – hat er sich 2007 selbst in die Arena der Bildungsdebatten begeben, ist gefragter Experte, Interviewpartner, wenn ein Thema hochkocht, auch auf allergrößter Bühne, Tagesschau zum Beispiel. Dass Wößmanns Wort zählt, mag an seiner Art liegen, die westfälische Nüchternheit strahlt auf angenehme Weise das Gegenteil von Geschwätzigkeit aus, sie wird aber immer wieder durchbrochen von einer Prise Nonchalance in den Formulierungen. Mehr noch aber ist wohl das gefragt, was Wößmann vorzuweisen hat: Verlässlichkeit durch Daten.

IM DEUTSCHEN BILDUNGSSYSTEM HINGEN UND HÄNGEN DIE CHANCEN EXTREM VOM ELTERNHAUS AB

Auf der Basis mischt er sich ein, politisch. Neulich etwa hat er zum Betreuungsgeld Stellung genommen und zunächst einen Gastbeitrag für die SZ geschrieben: Die bildungsökonomische Forschung beweist demnach, dass frühzeitige Investitionen in Bildung besonders effektiv sind, Lebenswege verändern und langfristige Arbeitsmarkterfolge hervorbringen. Wenn das Betreuungsgeld dazu führe, dass Kinder aus der Kita ferngehalten werden, dann wirke es kontraproduktiv. „Die finanziellen Anreize tragen dazu bei, gesellschaftliche Disparitäten zu zementieren, anstatt gesellschaftlichen Aufstieg zu erleichtern." Wenige Wochen später legt er dann nach, via Pressekonferenz. Die Deutschen halten wenig vom Betreuungsgeld, wollen aber mehrheitlich gebührenfreie Kita-Plätze. Das zeigte das von ihm in Berlin präsentierte Ifo-Bildungsbarometer. Eine repräsentative Umfrage, 4000 Bürger. Klare Ansichten, aber mit klaren Belegen. Ganz nach Wößmanns Geschmack.

Er hat Wirtschaftswissenschaften studiert, klassisch, in Marburg und in den USA. Da waren es schon Themen wie Armut und gesellschaftliche Teilhabe, die ihn interessierten. Bildungsökonomische Forschung hat es in den Neunzigern hierzulande kaum gegeben, aus den Vereinigten Staaten kam der Trend. Bei einem Aufbaustudium am Kieler Institut für Weltwirtschaft widmete er sich Daten der internationalen Timss-Studie, einem Leistungsvergleich in Mathe und Naturwissenschaften. Das war Ende der Neunzigerjahre, als es die Pisa-Studie samt Schock noch nicht gab und solche Untersuchungen nur etwas für die Fachszene waren. Die Leistungen im Vergleich zu den Bildungsausgaben, solchen Fragen widmete sich der Volkswirt nun. Dann kam der große Knall – Pisa. „Vorher haben alle gedacht, wir hätten das beste Bildungssystem der Welt – seitdem müssen wir akzeptieren, dass das keineswegs so ist", sagt Wößmann. Vor allem: die Chancen hingen und hängen extrem vom Elternhaus ab. Die Pisa-Welle, die Wertschätzung für Daten, eine neue Sachlichkeit, das alles ebbte nicht ab, so machte er weiter mit der Bildungsökonomie – „und ich bin nie wieder davon weggekommen". Akademisch kam es 2001 zur Dissertation an der Uni Kiel, 2006 zur Habilitation an der TU München. Mit zwei prominenten Berichterstattern: Robert Klaus Freiherr von Weizsäcker und Hans-Werner Sinn.

Heute sieht Wößmann, wie relevant sein Gebiet in der Heimatdisziplin VWL geworden ist. Dafür sprechen Auszeichnungen, allen voran der Gossen-Preis des Vereins für Socialpolitik. Wößmann bleibt Volkswirtschaftler, obwohl er sich manchmal als Bildungswissenschaftler fühlt. Als empirischer, wohlgemerkt. Den Zusatz muss man erklären: Inzwischen belauern sich an den Universitäten die empirische Bildungswissenschaft, die Schulen sozusagen vermisst, und die traditionelle Erziehungswissenschaft, die ihre Basis in der Pädagogik und letztlich in der Philosophie hat. Von Ökonomisierung der Bildung ist in letzterem Fach oft die Rede, davon, dass Schule mehr sei, als das, was hinten herauskommt. Schulen würden zu „Fabriken für abfragbares Wissen".

Angesprochen auf pauschale Schelte verzieht sich der sonst so freundliche Gesichtsausdruck Wößmanns kurzzeitig. Er sagt: „Natürlich wäre es ein Unding, wenn Bildung nur auf wirtschaft-

**Vor Pisa haben wir alle gedacht,
wir hätten das beste Bildungssystem der Welt –
seitdem müssen wir akzeptieren,
dass das keineswegs so ist.**

LUDGER WÖSSMANN

liche Zwecke ausgerichtet ist. Aber diese Fragen allesamt zu ignorieren, ist genauso unverantwortlich. Man macht sich schuldig, wenn man die Volkswirtschaft ausklammert, wenn man zuschaut, wie die Leute in Massen in die Arbeitslosigkeit laufen."

Politisch findet Wößmann durchaus ein Echo: „Bildungspolitik kann evidenzbasiert handeln." Konservativen werde klar, dass längeres gemeinsames Lernen nicht abträglich ist; und Linken werde klar, dass dennoch eine Ausrichtung nach Leistung, ein gewisses Maß Wettbewerb gerade den benachteiligten Schichten nützen können. Ein früherer Chef der Kultusministerkonferenz hat mal gesagt: Die meisten seiner Kollegen seien „mit der Pisa-Studie politisch großgeworden, haben keine Scheu vor datenbasierter Politik und wollen keine ideologischen Kriege mehr". Natürlich, neue Daten können alte Meinungen ändern. Gleichwohl diagnostiziert Wößmann auch: „Wenn die Daten einem in den Kram passen, freut man sich; wenn nicht, ignoriert man sie oder sagt: ‚Das sind ja nur Daten, Bildung ist ja nicht nur das, was man messen kann.'" Das hält ihn freilich nicht davon ab, genau damit weiterzumachen. *Johann Osel*

ZWEI LIEBLINGSBÜCHER Gefragt nach Büchern, die ihm wichtig sind, nennt Ludger Wößmann die „Theorie der wirtschaftlichen Entwicklung" von Joseph Schumpeter. Schon vor mehr als 100 Jahren habe Schumpeter herausgearbeitet, dass langfristige Entwicklung nur aus Neuerungen – aus Innovation – hervorgehen kann. „Das hat mich seit meinem Studium fasziniert. Um die Entstehung von langfristigem Wohlstand zu verstehen, müssen wir die statische Wirtschaft verlassen und versuchen, die Dynamik der Wirtschaft zu verstehen." Auf belletristischem Terrain nennt der Bildungsökonom: „Die Vermessung der Welt" von Daniel Kehlmann – „wirklich großartig".

DER GESUNDHEIT AUF DER SPUR

Jonas Schreyögg bemüht sich um Unabhängigkeit in einer Branche, in der Gefälligkeitsgutachten nicht unüblich sind.

In den Wirtschaftswissenschaften hat die Spezialdisziplin Gesundheitsökonomie nicht den besten Ruf. Ihren Vertretern wird häufig vorgeworfen, viel zu eng mit dem Gegenstand ihrer Betrachtung verbunden zu sein, mit den Krankenkassen, den Kliniken, der Ärzteschaft oder auch der Pharmaindustrie. Denn das Gesundheitssystem ist ein Schlachtfeld, in dem es für die Lobbyisten darum geht, möglichst viel Geld für die eigenen Truppen herauszuholen. Ausgefochten wird der Kampf mit viel Finesse und mit einer kaum zu überschauenden Anzahl von Gutachten, die bei den Gesundheitsökonomen bestellt werden.

Auch Jonas Schreyögg und sein „Hamburg Center for Health Economics" sind Teil dieses Spiels. Doch stehen für den Ökonomen die Ergebnisse seiner Arbeit im Vordergrund, keine ideologischen Vorprägungen. „Ich schreibe nur auf, was meine Untersuchungen hergeben", betont er. Es gehe um einen empirischen Nachweis, fachliche Grundsatzdebatten sind ihm fremd. „Ich würde mich als pragmatisch und lösungsorientiert bezeichnen."

Schreyögg sagt: „Erst wenn es keine Empirie gibt, verwende ich einen theoretischen Ansatz. Aber auch da muss man schauen, was passt." Eine solche Vorgehensweise sei für ihn absolut nötig. Er würde sie sogar verwenden, wenn sie nicht ankomme. „Es geht nicht darum, irgendwelche Gutachten zu machen, sondern möglichst wissenschaftlich objektive."

Diese Haltung führt dann auch schon mal zu Unzufriedenheit bei den Auftraggebern. So gaben im vergangenen Jahr die Krankenkassen und die Krankenhäuser bei Schreyögg ein Gutachten in Auftrag. Darin sollte die Frage geklärt werden, ob die Zahl der Operationen steigt, wenn ihr Preis steigt, und ob dieser Preisanstieg womöglich sogar Anreize setzt, zum Skalpell zu greifen, auch wenn die medizinische Notwendigkeit nicht ganz so dringend ist.

WIRD MEHR OPERIERT, WEIL SICH EINGRIFFE LOHNEN – ODER WEIL DIE MENSCHEN ÄLTER WERDEN?

Die Krankenhäuser verneinen das und führen die gestiegene Operationszahl darauf zurück, dass es immer mehr ältere Menschen gibt. Die Kassen hingegen sehen eindeutige Anhaltspunkte dafür, weil in Deutschland viel mehr Operationen etwa an der Hüfte oder den Knien vorgenommen werden als in anderen EU- Ländern.

Für beide Seiten ein enorm wichtiger Punkt. Seit Jahren schon fechten sie einen Kampf darüber aus, wer in der Frage die Deutungshoheit hat. Denn davon hängt im Kern ab, ob man für die Kliniken mehr Geld ausgeben sollte oder nicht, und ob man insgesamt weniger braucht.

Allein die Verhandlungen über die Fragestellung des Gutachtens zogen sich über Monate hin, weil keine Seite der anderen einen Vorteil lassen wollte. Als Schreyögg dann mit dem fertigen Gutachten kam, waren beide Seiten enttäuscht. Denn er stellte beides fest: höhere Operationszahlen durch den demografischen Wandel und eine Neigung der Krankenhäuser, teure Operationen häufiger durchzuführen. Das gefiel weder den Kassen noch den Krankenhäusern, was sie allerdings nicht davon abhielt, Schreyöggs Studie als Beweis für ihre jeweilige Behauptung zu nehmen.

Kein Wunder, schließlich ist der Wissenschaftler ein aufgehender Stern unter den Gesundheitsökonomen. Studium und

Forschung in Berlin und Stanford, 2007 Juniorprofessor an der Technischen Universität in Berlin, 2009 Professur für Betriebswirtschaftslehre mit dem Schwerpunkt Health Services Management an der Universität München, seit 2010 Inhaber des Lehrstuhls für Management im Gesundheitswesen in Hamburg und dort auch seit 2011 wissenschaftlicher Direktor des Zentrums für Gesundheitsökonomie. Schreyögg ist Mitglied des Sachverständigenrates für das Gesundheitswesen.

Dabei ist Schreyögg kein reiner Volkswirt. Die Konzentration auf die Empirie und die Ökonometrie, also das Überprüfen von Modellen und Theorien anhand von mathematischen Methoden, verlangt geradezu eine Kombination von betriebswirtschaftlichen und volkswirtschaftlichen Ansätzen. „Beide Disziplinen haben gelernt, sich aneinander zu orientieren." Es sei doch befremdlich, ein Phänomen entweder nur aus betrieblicher Sicht oder nur vom Markt her zu betrachten. Doch für die Gesundheitsökonomie reicht auch das nicht aus. „Man kommt nicht aus ohne Kenntnisse auch von medizinischen und epidemiologischen Zusammenhängen."

Diese interdisziplinäre Zusammenarbeit hat Schreyögg als Mitarbeiter im kalifornischen Stanford kennengelernt. Am gesundheitsökonomischen Zentrum dort hätten die Ökonomen wie selbstverständlich mit Medizinern zusammengearbeitet. Zuvor habe auch sein Doktorvater Klaus-Dirk Henke – lange Zeit Vorsitzender des Sachverständigenrates – diesen Ansatz immer wieder hervorgehoben. „Mich hat jedenfalls die Vision gepackt, Fragestellungen im Gesundheitswesen mit ökonometrischen Methoden anzupacken."

FERNWEH NACH STANFORD HAT DER FORSCHER NICHT

Dieser Ansatz soll auch für das gesundheitsökonomische Zentrum gelten, das Schreyögg in Hamburg leitet. Sechs volle Lehrstühle, drei Juniorprofessoren, insgesamt etwa 60 Wissenschaftler – das Zentrum ist schon jetzt größer als vergleichbare Einrichtungen in Duisburg oder in Berlin. Schreyögg zielt auf Europa und darüber hinaus. „Ziel ist es, zu einem der führenden Zentren der Welt zu werden." Und da sei man auf gutem Weg. Zwar habe man noch nicht die Reputation wie das Gesundheitszentrum in York und nicht so viele Mitarbeiter wie das in Rotterdam. Doch werde man wahrgenommen. „Auch in den USA sieht man uns."

Fernweh nach Stanford oder anderen Spitzenzentren in Amerika hat der Vater von zwei Kindern indes nicht. Wegen des tollen Lebensgefühls in Hamburg und wegen der besseren Finanzierung seines Zentrums. „Etwa die Hälfte der Mitarbeiter können wir aus der Basisfinanzierung bezahlen. Das ist ziemlich gut, auch im Vergleich zu Stanford."   *Guido Bohsem*

ZWEI LIEBLINGSBÜCHER Über die Lektüre für den Nachttisch muss Jonas Schreyögg nicht lange nachdenken: „Hermann Hesse: Siddhartha", sagt er ohne zu zögern. Das sei ein Buch, das er immer wieder lesen könne. Vor allem die Synthese aus den verschiedenen Religionen fasziniere ihn, auch weil er sich viel mit Buddhismus beschäftigt hat. Beim Sachbuch muss er wägen, um sich dann doch für Donald B. Rubins „Matched Sampling for Causal Effects" zu entscheiden. „Das ist eines der Bücher, die ich immer wieder in die Hand nehme", sagt er. Rubin war einer der ersten, der beim Berechnen von Modellen den Effekt verringerte, den zum Beispiel die Auswahl einer Gruppe auf die Gesamtrechnung verursacht.

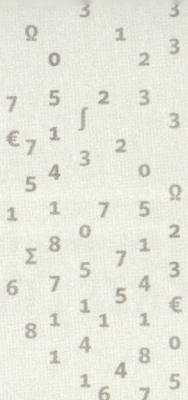

Erst wenn es keine Empirie gibt, verwende ich einen theoretischen Ansatz. Aber auch da muss man schauen, was passt.

JONAS SCHREYÖGG

FORSCHUNG FÜR DAS ECHTE LEBEN

*Sebastian Dullien ist ein Exot unter deutschen Professoren:
Er ist Keynesianer und hat Arbeiten zu ökonomischen
Ungleichgewichten zu seinem Markenzeichen gemacht. Damit will
er die Welt nicht nur erklären, sondern auch verändern.*

Ein Vorschlag, der typisch ist für Sebastian Dullien? Ganz klar, die „europäische Arbeitslosenversicherung". Neben die klassische, nationale Versicherung tritt hier eine europaweite Variante, in die Arbeitnehmer und Arbeitgeber einzahlen müssen. Geht es dann mit der Wirtschaft bergab, bekommen die Arbeitslosen Geld nicht mehr nur aus dem nationalen System. Dann fließt automatisch der Transfer vom EU-System, also von außen.

Was daran so typisch ist: Es steckt eine gute Portion Keynesianismus darin, und außerdem einige Begeisterung für Europa. „Man gibt den Leuten zu oft in der falschen konjunkturellen Situation mehr Geld", sagt Dullien. „Wenn die Wirtschaft gut läuft, werden die Arbeitslosenbeiträge auch in Deutschland gesenkt." Das verschafft den Bürgern in einer wirtschaftlich guten Phase mehr Geld, heizt letztlich aber die Konjunktur nur weiter an. Im Abschwung dagegen, wenn das Geld nötig wäre, fehle es. Gebe es dagegen ein europäisches Pendant zu nationalen Versicherungen, sei dieses Risiko geringer: Die Ausschüttung an Arbeitslose sorge dann für einen zusätzlichen Impuls, wenn die Wirtschaft ihn braucht. „Das ist ein makroökonomisches, kein sozialpolitisches Instrument", sagt Dullien.

Dass er ein Exot ist, würde der junge Professor aus Berlin nie bestreiten. Es gibt nicht mehr viele Keynesianer an deutschen Hochschulen, schon gar nicht mit einer Professur. Wobei selbst Dullien, Jahrgang 1975, sich nicht gern auf eine Denkschule festnageln lässt. „Es gibt nicht nur eine Wahrheit", sagt er, „sondern verschiedene Instrumente für verschiedene Fragestellungen." Dass ihm die Ideen des britischen Ökonomen John Maynard Keynes sympathisch sind, ist allerdings schwer zu übersehen. Der Staat greift hier notfalls in das Wirtschaftsgeschehen ein, er schafft durch Geld- oder Fiskalpolitik Nachfrage im Abschwung – wenn er sich das leisten kann.

Anschauungsmaterial fand Dullien zuletzt genug, wenn auch eher schmerzvoller Natur. Schließlich mussten während der Finanz- und Schuldenkrise einige europäische Staaten in der Not sparen, weil aus besseren Zeiten keine Reserven übrig waren, mit üblen Folgen für die Eurozone. Zurückblickend lässt sich nun mancher Fehler ausmachen, etwa in Spanien. „Eigentlich hätte die Regierung im Immobilienboom die Steuern erhöhen müssen", sagt Dullien. Doch den Boom habe Madrid für die lang ersehnte ökonomische Aufholjagd gehalten. „Im Abschwung haben sie dann gemerkt, dass das Geld weg ist." Da war es zu spät.

Dullien liebt die Debatte. Er will nicht nur lehren, er forscht auch nach, hinterfragt, will Argumente der Gegenseite verstehen. Er soll Studenten die Wirtschaft erklären und ist selbst neugierig geblieben.

SEINEN ERSTEN JOB FAND DER PROFESSOR BEI DER ZEITUNG

Das mag viel mit seinem seltsamen Weg in die Wissenschaft zu tun haben. Nach der Schule studiert Dullien Volkswirtschaftslehre. Am Deutschen Institut für Wirtschaftsforschung arbeitet er für den Konjunkturforscher Gustav Horn, ebenfalls ein Keynesianer. Doch den ersten festen Job tritt er nicht an einem Institut und nicht an einer Hochschule an – sondern bei einer

Zeitung. 1999 wird das Wirtschaftsblatt *Financial Times Deutschland* gegründet, sie ist damals ein großes Experiment. Nach Vorbild des angelsächsischen Pendants will sie nichts weniger als den deutschen Wirtschaftsjournalismus neu erfinden. Für das Agenda-Ressort, das die großen Linien in Wirtschaft und Politik kommentieren soll, sucht die Zeitung Leute mit wissenschaftlichem Hintergrund. Zeitungen machen damals gute Geschäfte, die Bezahlung ist in Ordnung. Ein Himmelfahrtskommando sei das damals gewesen, schließlich war schon lange keine überregionale Zeitung mehr aufgebaut worden, sagt Dullien. Aber ein spannendes, gedruckt auf rosa Papier.

Acht Jahre bleibt er bei der Zeitung, die es seit 2012 nicht mehr gibt. Erst schreibt er Leitartikel, später wird er zu einem der Konjunktur-Gurus des Blattes. Parallel aber beschäftigt er sich wieder mehr mit Forschung. Er wird Gastwissenschaftler bei der UN-Entwicklungsorganisation UNCTAD. Dullien gastiert an der Johns-Hopkins-Universität in Washington, bei der Stiftung Wissenschaft und Politik in Berlin.

Vor allem aber promoviert er über Ungleichgewichte in der Eurozone – zu einer Zeit, in der solche Ungleichgewichte kaum ein Ökonom als großes Problem sieht. 2004, zum Zeitpunkt der Dissertation, läuft in weiten Teilen der Eurozone ein vermeintlicher Aufholprozess, er soll die Wirtschaftskraft der einzelnen Ländern peu à peu einander angleichen – in der Theorie. „Anfangs bin ich fast verlacht worden wegen der Ungleichgewichte", sagt Dullien heute. In der Dissertation war er unter anderem zu dem Schluss gekommen, dass die Eurozone eine koordinierte Lohnpolitik brauche. So soll verhindert werden, dass wirtschaftlich schwächere Staaten im Rausch des Booms die Löhne schneller wachsen lassen als die Produktivität, während es in etablierten Industrienationen wie Deutschland genau umgekehrt ist. Eine der Lösungen: eine europäische Wirtschaftsregierung. Zur Idee einer europäischen Arbeitslosenversicherung ist es von dort nicht mehr weit. „Die Ungleichgewichte", sagt Dullien, „sind so etwas wie mein Markenthema geworden."

Heute lehrt Dullien, beamtet auf Lebenszeit, an der Hochschule für Wirtschaft und Technik in Berlin. So mancher Universitätsprofessor mag da die Nase rümpfen, schließlich ist es ja „nur" eine Fachhochschule. Doch unterscheidet die FH von der Uni eben der praktische Teil, und der hat durchaus seine Vorzüge. Denn angewandte Ökonomie kann auch ganz real angewandte Politik nach sich ziehen. Da gibt es etwa den Bachelor-Studiengang „Wirtschaft und Politik", der Studenten gezielt auf die Arbeit in Verbänden und Politik vorbereiten soll. „Das ist Volkswirtschaftslehre mit guten Kenntnissen der deutschen Institutionen", sagt Dullien. „Das funktioniert sehr gut." Und da wäre noch der Master-Studiengang „International and Development Economics", ein Studium, das sich vor allem an Studierende aus dem Ausland richtet. Es gibt für diesen Abschluss sogar eine Förderung, aber die setzt voraus, dass die Stipendiaten vorher in ihrem Heimatland zwei Jahre Berufserfahrung gesammelt haben. Wer für dieses Studium nach Berlin kommt, hat mitunter schon Regierungsapparate, Parteien oder Industrieunternehmen eines Schwellenlandes von innen gesehen. Außerordentlich bereichernd sei das, sagt Dullien, der mit seiner Familie in einem schicken Neubauviertel im Osten der Hauptstadt wohnt. „Auch ich profitiere von den Erfahrungen, die meine Studenten aus Entwicklungs- und Schwellenländern mitbringen."

DIE UNGEDULD EINES JOURNALISTEN SCHIMMERT NOCH DURCH

Etwa aus dem kriselnden Brasilien, das Umverteilung vor allem durch steigende Mindestlöhne erreichen wollte. Doch in der Krise muss das Land nun feststellen, dass höhere Mindestlöhne zu steigenden Preisen führen, die sich in einer Wirtschaftskrise aber schwer durchsetzen lassen. Die Folgen sind Arbeitslosigkeit und sinkende Kaufkraft, was wiederum die Krise verschärft. „Wir in Deutschland haben oft nur wenig Verständnis für die Probleme in Schwellenländern", sagt er. Umgekehrt nehmen die Studenten, wenn es gut läuft, einiges von Dulliens Erfahrungen mit. Letztlich erlangt der Wissenschaftler damit einen Einfluss, von dem mancher Universitätslehrer nur träumen kann. Nicht einmal durch lange Forschungsarbeiten muss sich der FH-Professor Dullien dafür quälen. „Ich hätte auch keine Lust, fünf Jahre im stillen Kämmerlein über Theorien zu brüten, von denen ich nicht weiß, was daraus wird."

Die Ungeduld, auch Unruhe des Journalisten schimmert durch, der nicht nur verstehen, sondern auch vermitteln will. Dullien stört es nicht, dass er sich damit auch politisch ziemlich klar verorten lässt – am häufigsten suchen Sozialdemokraten seinen Rat. „Natürlich berät man eher Menschen, die einem näherstehen", sagt er selbst. „Ökonomie hat eben immer auch mit Werten zu tun."   *Michael Bauchmüller*

ZWEI LIEBLINGSBÜCHER An Nummer eins steht für Sebastian Dullien natürlich der Klassiker von John Maynard Keynes: die „Allgemeine Theorie der Beschäftigung, des Zinses und des Geldes". Auch 80 Jahre nach seinem Erscheinen lehre dieses Buch noch immer mehr über die Funktionsweise moderner Volkswirtschaften als so manches neue Lehrbuch. Sein Lieblingsroman befasst sich mit der Ungleichheit. In „Das Gleichgewicht der Welt" beschreibt Rohinton Mistry am Beispiel Indiens, was ein wirtschaftlicher und gesellschaftlicher Umbruch vor allem für die Ärmsten bedeutet. Ein bewegender Roman, sagt Dullien.

Man gibt den Leuten zu oft in der falschen konjunkturellen Situation mehr Geld.

SEBASTIAN DULLIEN

JETZT MAL SACHLICH, BITTE

Das Thema Familie gilt vielen als Frage der Gerechtigkeit. Die
Ökonomin Katharina Spieß setzt auf Zahlen und Fakten.

N ur 27 Jahre war Katharina Spieß alt, als sie Anfang der Neunzigerjahre für ihre Doktorarbeit in den USA zu recherchieren begann. Es ging darum, ob der Staat die Betreuung von Kindern in Tagesstätten finanzieren soll. Ob es dafür ökonomische Begründungen gibt, die einen Nutzen für die Gesellschaft zeigen, und nicht nur die individuellen Wünsche von Eltern.

Für Katharina Spieß, Jahrgang 1966, lagen solche Gedanken damals schon auf der Hand, und sie fühlte sich durch amerikanische Forscher bestätigt. Spieß richtet sich auf dem Stuhl in ihrem Büro beim Deutschen Institut für Wirtschaftsforschung (DIW) auf und zählt die Vorteile von Kitas auf: Kinder müssen im Durchschnitt weniger Klassen wiederholen und erreichen ein höheres Bildungsniveau, insgesamt entstehen sofort bei den Eltern und später bei den Kindern höhere Einkommen und damit mehr Steuern für den Staat. Zusammengefasst gesagt also positive externe Effekte für die Gesellschaft. Oder anders ausgedrückt: Der Staat korrigiert Marktversagen, wenn er Kitas fördert.

Beseelt von solchen Gedanken, kehrte die junge Ökonomin nach Deutschland zurück. Da stellte sie fest, dass es in der Bundesrepublik Anfang der Neunzigerjahre so mancher ziemlich hanebüchen fand, wenn sich Ökonomen mit Themen wie Familie und Kinderbetreuung beschäftigten. Nachdem sie ihre Doktorarbeit an der Ruhr-Universität Bochum verteidigt hatte, bekam sie den gut gemeinten Ratschlag, sie solle künftig doch lieber was Richtiges machen. Zum Beispiel Umweltökonomie. Außerdem hörte sie die Warnung, es sei gefährlich, sich als weibliche Wissenschaftlerin auf das Thema Familie zu fokussieren.

Spieß überhörte die Ratschläge und konzentrierte sich auf die Gebiete Bildung und Familie. Aus mehreren Gründen. „Wer nicht für sein Thema brennt, nimmt nicht unbedingt den steinigen Weg einer wissenschaftlichen Karriere auf sich", sagt sie rückblickend, nachdem sie der steinige Weg zu einer Professur und einer Abteilungsleitung am DIW geführt hat. Der zweite

Grund ist ihre Überzeugung, dass es bei ihren wissenschaftlichen Interessen gerade um die zentralen ökonomischen Fragen geht und nicht um Nischen-Angelegenheiten. Welche Sozialpolitik ein Staat betreibt, wird oft unter Gerechtigkeitsaspekten diskutiert, aber damit bleibt es meinungslastig und schwammig. Spieß will das Augenmerk darauf lenken, dass es oft ökonomischer Hardcore ist, der die Argumente liefert. „Man kann Sozialpolitik oft durch Wachstumseffekte begründen beziehungsweise über die Forderung nach einem effizienten Einsatz knapper Ressourcen."

GEHEN KINDER IN DIE KITA, WERDEN SIE EMOTIONAL STABILER

Das gilt etwa bei der Bildung der Menschen, für einen rohstoffarmen Staat wie Deutschland eindeutig die wichtigste Ressource. „Wir haben riesige Potenziale, aber wir schöpfen sie in vielen Bereichen nicht voll aus." Ein Beispiel dafür ist, dass bei gleichen Leistungen ein geringerer Anteil von Kindern aus bildungsfernen Elternhäusern studiert. Spieß beschäftigt sich häufig damit, was sich bei der frühkindlichen Bildung tun lässt. So ermittelte sie in einer Studie, dass es sich auszahle, wenn Kinder schon vom zweiten Lebensjahr an eine Kita besuchen: Sie werden dadurch sozialer und emotional stabiler, spielen mehr mit anderen, weinen weniger. Anderer Studien zufolge hilft ihnen das beim Schulbesuch und später auf dem Arbeitsmarkt.

Spieß fand auch heraus, dass es nicht einfach damit getan ist, die Kinderbetreuung auszubauen. Dieses Angebot wird nämlich besonders von bildungsnahen Schichten genutzt. Und sie fand heraus, dass untere Einkommensgruppen einen überproportional hohen Anteil ihres Geldes für private Bildungsausgaben wie Kita oder Nachhilfe aufwenden müssen, obwohl die Kita-Gebühren in der Regel doch nach Verdienst gestaffelt sind. Das spreche dafür, diese Gruppen ganz von den Gebühren zu befreien, um sie zu bewegen, ihre Kinder früh in die Kita zu schicken. Gleichzeitig ist Spieß aus Gründen der Sparsamkeit dagegen, den Kita-Besuch oder auch das Uni-Studium für alle kostenlos zu machen. Sie würde lieber mehr Weiterbildung des Kita-Personals finanzieren, mehr Aktivitäten und einen Ausbau der Ganztagsschulen.

DER WISSENSCHAFTLERIN IST ES WICHTIG, IHRE ERKENNTNISSE IN DIE POLITIK ZU TRAGEN

Mit solchen Fragen beschäftigt sie sich immer wieder, wobei ihr Lehrstuhl für „Familien- und Bildungsökonomie" an der FU Berlin nach ihrer Kenntnis der einzige in Deutschland ist, der die Familien explizit im Titel führt. Vielleicht ein Beleg dafür, dass der Kampf um die Bedeutung des Themenfeldes, zu dem es früher bei den Jahrestagungen des Vereins für Socialpolitik kaum Papiere gab, noch ausgetragen wird. Wobei es der Wissenschaftlerin immer wichtig war, ihre Erkenntnisse in die Politik zu tragen. Sie ist keine für die ätherische Grundlagenforschung.

„Ich fand es schon immer eine Herausforderung, mich zu fragen, was die Politik oder auch die Gesellschaft aus unserer Forschung lernen können." Sie erinnert sich an Treffen im Bundeskanzleramt zu Beginn des Jahrzehnts, „als Familienthemen teilweise noch weiche Themen waren". Freundlich ausgedrückt: Der amtierende Kanzler Gerhard Schröder hatte zuvor von „Gedöns" gesprochen. Und Spieß? Ließ sich davon nicht beeindrucken, sondern legte den Beratern des Kanzlers präzise Kosten-Nutzen-Rechnungen vor, was zum Beispiel ein Ausbau der Kinderbetreuung für Alleinerziehende bringen könnte.

Auch bei der Frage der besseren Vereinbarkeit von Familie und Beruf argumentiert sie gerne klassisch ökonomisch. „Die Volkswirtschaft hat in das Humankapital der Frauen investiert und dieses Potenzial liegt vielfach brach", sagt sie in Bezug auf Frauen, die wegen mangelnder Kinderbetreuung oder unflexibler Arbeitszeiten Hindernisse erleben, wenn sie arbeiten wollen. Sie fordert unter anderem familienfreundlichere Arbeitszeitmodelle und ein Abschmelzen des Ehegattensplittings, das manche Frauen vom Arbeiten abhält.

Spieß lobt ausdrücklich die Familienministerinnen verschiedener Parteien von Renate Schmidt über Ursula von der Leyen bis Manuela Schwesig, die ein offenes Ohr für wissenschaftliche Ratschläge hätten. Sie verhehlt aber nicht, dass es da durchaus Konflikte gibt: „Ich habe mich auch viel gestritten mit der Politik." Unter der sehr konservativen Ministerin Kristina Schröder, die das Betreuungsgeld einführte, fühlten sich Spieß und andere Autoren eines Familien-Gutachtens 2013 falsch interpretiert – und gingen mit ihrer Sicht der Dinge an die Öffentlichkeit.

Spieß ist entschlossen, für ihre Erkenntnisse einzutreten, auch wenn die gerade nicht zum Meinungs-Mainstream passen. Zurückhaltend reagiert die Familienforscherin, wenn sie nach ihrer eigenen Vereinbarkeit von Familie und Beruf gefragt wird: Ihr Mann und sie arbeiten beide, und sie haben zwei Kinder. Sie hat wohl den Verdacht, dass ein männlicher Forscher das nicht gefragt würde, und wahrscheinlich liegt sie richtig. Deshalb sei hier nur knapp vermerkt, dass die viel beschäftigte Forscherin eisern zwei Eltern-Nachmittage die Woche dem Büro fernbleibt. Manchmal muss sie dann nachts aufholen, was tagsüber an Arbeit liegen blieb. *Alexander Hagelüken*

ZWEI LIEBLINGSBÜCHER Unterschiedlicher könnten sie kaum sein, die Buchempfehlungen von Katharina Spieß: Da ist zum einen der Bericht über ein Forschungsprojekt: „Lifetime Effects" von Lawrence J. Schweinhart, Jeanne Montie und anderen – „weil es mich als Ökonomin der frühen Kindheit fasziniert". Das Buch zeige, wie effektiv und effizient die frühe Förderung von Kindern und Familien sein kann. Und dann noch „König Hänschen" von Janusz Korczak, ein faszinierendes Buch aus den Dreißigern für Kinder und Erwachsene. Es handelt von Ungerechtigkeit, von Utopien, von Verantwortung und Rechten für Kinder.

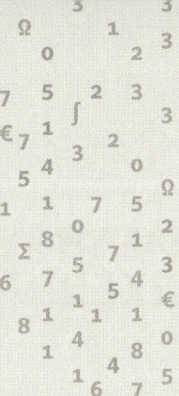

**Wer nicht für sein Thema brennt,
nimmt nicht unbedingt den steinigen Weg einer
wissenschaftlichen Karriere auf sich.**

KATHARINA SPIESS

PARALLELWELTEN DER ERKENNTNIS

Michelle Sovinsky macht in Mannheim Karriere: Die dortige Fakultät sei für ihren Fachbereich einfach die beste im deutschen Sprachraum. Jetzt zeigt sie in beeindruckender Detailtiefe, wie sich eine Legalisierung von Marihuana auf den Konsum auswirken würde.

Michelle Sovinsky erschafft Parallelwelten. Überall stehen die gleichen Häuser, das Wetter ist gleich. Es sieht so aus wie immer. Nur ein paar Kleinigkeiten in Sovinskys Parallelwelten sind anders, kontrafaktisch, wie sie das nennt. Meist ändert sie Gesetze und Regeln und damit auch das Verhalten der Menschen.

In einer der Welten Sovinskys darf man zum Beispiel ganz legal Marihuana kaufen und verkaufen. Und nein, es handelt sich nicht um eine suchtgesteuerte Wunschvorstellung der Kiffer-Bewegung. Im Gegenteil. Es geht um ernste Wissenschaft mit politischer Aussagekraft.

Denn wie alle Parallelwelten der in Mannheim lehrenden Ökonomin ist auch die Marihuana-Welt in lange mathematische Gleichungen gepresst und von strengen ökonometrischen Annahmen geformt. Die meisten Studien beschäftigten sich lediglich mit einer Teilgruppe oder nur mit einer Lockerung des Marihuana-Verbots, sagt Sovinsky: „Wir wollten herausfinden, wie eine vollständige Legalisierung die Dinge ändert." Also entwarf sie zusammen mit Liana Jacobi von der Universität Melbourne ein Modell, um das zu zeigen.

Die Fragestellung und die Vorgehensweise kennzeichnen ziemlich präzise, wo die Schwerpunkte der 1970 geborenen Volkswirtin liegen. Sie ist keine Gesundheitsökonomin. Sie arbeitet vor allem im Bereich der Industrieökonomik, grob gesprochen, ein Zweig der Volkswirtschaft, in dem das Verhalten von Unternehmen in verschiedenen, auch bislang unbekannten Marktsituationen untersucht wird. Sovinsky verbindet beide Disziplinen, die ökonomische Analyse von Gesundheitssystemen und die Industrieökonomik. Sie macht sich die industrieökonomischen Erkenntnisse über die Verteilung von Marktteilnehmern, das Verhalten von Konsumenten und über die Barrieren in Märkten zu Nutze und wendet sie auf gesundheitsökonomische Fragestellungen an. Statt das Verhalten einer oder mehrerer großer Firmen in einem Markt zu untersuchen, beschäftigt sie sich sozusagen mit einem Gesundheitsmarkt, in dem Patienten oder Versicherte als Kunden auftreten. Eine ungewöhnliche Kombination.

IHRE NOTIZEN AN DER TAFEL SEIEN SO GUT, DASS MAN KEIN LEHRBUCH BRAUCHE, SAGEN IHRE STUDENTEN

Sovinsky ist auch eine außergewöhnliche Kandidatin für die SZ-Serie über junge deutsche Ökonomen. Alle anderen sind deutsche Wissenschaftler, die zumeist so einiges von der amerikanischen Art gelernt haben, Volkswirtschaften zu untersuchen, und diese nun in Deutschland anwenden. Sovinsky ist keine Deutsche, sondern eine Amerikanerin, die zunächst in Kalifornien und dann in der Schweiz an der Universität Zürich arbeitete und schließlich im vergangenen Sommer nach Mannheim gegangen ist. Warum ausgerechnet Mannheim? „Weil Mannheim in meinem Fachbereich die Nummer eins im deutschsprachigen Raum ist."

Seit Mitte 2015 ist sie nun in Baden-Württemberg tätig. Die Universität, sagt sie strahlend, habe alle ihre Erwartungen erfüllt. Um dort zu leben, war Mannheim ihr als Stadt jedoch ein bisschen klein. Sie wohnt lieber in Frankfurt.

Deutschland als Ort für erfolgreiche US-Ökonomen: Das kommt nicht so oft vor. „Noch nicht, aber vielleicht kommt das noch", sagt Sovinsky. Als Frau sei sie ohnehin eine Ausnahme in ihrem Fachbereich. Wer in ihr Büro kommt, kann sich vorstellen, dass hier jemand sitzt, der einen großen Sinn für Präzision und Ordnung hat. Und auch ihre Studenten in Kalifornien bescheinigen ihr: Sie sei totally organized, hervorragend organisiert. Ihre

Notizen an der Tafel seien so gut, dass man das Lehrbuch gar nicht lesen müsse, rühmen gleich mehrere auf einer Webseite zu einem ihrer Kurse.

Die Marihuana-Studie wird im einflussreichen *American Economic Review* veröffentlicht, der Nummer eins aller ökonomischen Fachjournale. Kein schlechter Einstand. Und verdient. Sovinskys Studie fördert völlig neue Erkenntnisse zutage, in großer Präzision. Ihr Modell ermöglicht es zu untersuchen, wie sich der Wegfall von Marktbarrieren auf den Konsum auswirkt – Zugangsschranken, die es vorher unmöglich oder eben doch sehr riskant machten, Marihuana zu kaufen.

Da ist zum einen die Verfügbarkeit der Droge, sagt sie. So würden viele Menschen kein Marihuana konsumieren, weil sie schlicht nicht wüssten, wo man es kaufen könne. „Was wäre aber, wenn es so leicht zu kaufen ist wie Zigaretten und Alkohol?" Andere verzichteten auf einen Marihuana-Konsum mit dem Argument, dass es verboten sei. „Was aber, wenn dieses Stigma wegfällt?" Und schließlich: Wie würde sich der Konsum verändern, wenn der Staat eine Steuer auf die Droge verhängte und so den Preis beeinflusst?

Um derart komplexe Fragestellungen zu beantworten, braucht man gute Daten, und die fanden Sovinsky und Jacobi in Australien. Der Australian National Drug Strategy Household Survey beinhalte sowohl Angaben über das Verhalten der Konsumenten als auch über den Zugang zu der Droge. Die Ergebnisse sind erstaunlich. „Manches davon ähnelt einer Detektivarbeit", sagt Sovinsky.

WIRD MARIHUANA LEGALISIERT, KONSUMIEREN DIE MENSCHEN SEHR WAHRSCHEINLICH MEHR

Sollte Marihuana legal und zudem überall erhältlich sein, würde die Wahrscheinlichkeit eines Konsums um insgesamt 48 Prozentpunkte von derzeit 13,1 auf 19,4 Prozent zunehmen. Mit einer Marihuana-Steuer von 25 Prozent reduziert sich die

Konsumwahrscheinlichkeit wieder, und zwar auf 18,3 Prozent. Der Großteil des Anstiegs in dem Modell rührt dabei davon her, dass vor allem Menschen Marihuana konsumieren würden, die bislang keinen Zugang dazu haben.

Das kann man daran ablesen, wie sich der Konsum der verschiedenen Altersgruppen ändert. Mit generell freiem Zugang zu legalem Marihuana würde die Wahrscheinlichkeit eines Konsums bei Teenagern von 25,1 auf 30,4 Prozent steigen (wobei der Verkauf an Jugendliche wie bei Alkohol verboten wäre). Weitaus deutlicher würde jedoch die Konsumwahrscheinlichkeit der Menschen von mehr als 30 Jahren ansteigen, nämlich im Schnitt um 67 Prozent. Mit einer 25-prozentigen Steuer wäre der durchschnittliche Anstieg der Konsumneigung nicht mehr so hoch, er läge bei etwa 28 Prozent. Marihuana müsste viermal teurer sein, damit sich trotz der Freigabe nichts ändert. „Wir würden dann aber erwarten, dass die Leute wieder alle auf dem Schwarzmarkt kaufen", urteilt Sovinsky.

Bei einer effizienten Besteuerungspolitik allerdings verspräche eine Legalisierung hohe Einnahmen. Angewendet auf Australien ließen sich laut Sovinskys Berechnungen dadurch Mehreinnahmen von rund einer Milliarde Dollar erzielen. Übertragen auf ein Land von der Größe Amerikas lägen die Einnahmen aus der Marihuana-Steuer bei etwa zwölf Milliarden Dollar. Außerdem sparten sich Staaten natürlich hohe Kosten bei der Strafverfolgung von Dealern und Konsumenten.

Welchen Ratschlag an die Politik würde Sovinsky aus ihren Forschungsergebnissen ableiten? Das sei nicht ihre Sache, meint die Professorin. Ihr komme es darauf an, die Politik ausreichend gut zu informieren. Denn nur so sei eine fundierte Entscheidung überhaupt möglich, egal wie sie ausfalle. Das große Sendungsbewusstsein der Wirtschaftsprofessoren à la Hans-Werner Sinn geht ihr offenkundig ab.

Doch hat ihre Forschung durchaus politische Wirkung. Zum Beispiel beim Thema Magersucht. Sovinsky schaffte es, eine zentrale Annahme über Bulimie zu widerlegen, die in den

USA vor allem als Krankheit weißer Mittelschichtstöchter gilt. Sovinskys Arbeiten eröffneten allerdings eine ganz andere Sicht. Sie fand heraus, dass schwarze Mädchen einen deutlich höheren Prozentsatz unter den Magersüchtigen ausmachten. Bei der Thematisierung der Bulimie wird zumeist also die falsche Gruppe in der Bevölkerung angesprochen. „Die Behandlungs-angebote sind aber nicht danach ausgerichtet, und da sage ich sehr klar, das sollten wir ändern." *Guido Bohsem*

ZWEI LIEBLINGSBÜCHER „Wann immer ich anderen Rotwein trinke als Bordeaux, frage ich mich, warum ich das tue, obwohl er mir nicht so gut schmeckt. Und wann immer ich andere Autoren lese, frage ich mich, ob ich nicht lieber was von Ernest Hemingway lesen sollte." Sovinskys Lieblingsbuch des amerikanischen Autors ist „Wem die Stunde schlägt", weil Hemingway dort die lähmende Stimmung so eindrücklich eingefangen habe, die durch das faschistische Franco-Regime und seine Gräuel entstanden ist.

Für den Schreibstil empfiehlt sie ebenfalls einen Klassiker, „The Armchair Economist: Economics and Everyday Life" von Steven Landsburg. Hier könne man auf verblüffend-geniale Weise vieles über die Auswirkungen der Ökonomie auf den Alltag erfahren.

Mir kommt es darauf an, die Politik ausreichend gut zu informieren.
MICHELLE SOVINSKY

VON POLYGAMIE BIS PRIVATINSOLVENZ

Die Ökonomin Michèle Tertilt ist Theoretikerin – aber eine, die äußerst praktische Probleme in den Blick nimmt.

I m Büro von Michèle Tertilt hängt eine große weiße Tafel, die von oben bis unten dicht mit langen Formeln beschrieben ist. Für Nicht-Mathematiker sind die Chiffren nicht zu entschlüsseln. Aber Michèle Tertilt, die Professorin, Jahrgang 1972, offene lange Haare, helle Jeans, steht an der Tür und lacht. Sie gilt als Shootingstar, als eines der größten Talente unter den jungen deutschen Ökonomen. 2013 wurde sie für ihre Forschungsarbeit als erste Frau mit dem renommierten Gossen-Preis des Vereins für Socialpolitik ausgezeichnet. Derzeit gibt sie mit anderen Kollegen als erste in Deutschland lehrende Wissenschaftlerin die unter Makroökonomen wohl angesehenste Fachzeitschrift *The Review of Economic Studies* heraus.

Und jetzt steht sie da in ihrem Büro der Universität Mannheim, das gegenüber dem modernen Bau des ZEW liegt, des Zentrums für Europäische Wirtschaftsforschung. Auf den ersten Blick fällt auf: Der Raum unterscheidet sich in seiner Schlichtheit höchstens in einem Punkt von Millionen anderen Büros in Deutschland: Tertilt hat ihr Fahrrad mittendrin abgestellt. Es lehnt an ihrem Schreibtisch, gegenüber dieser Tafel mit all den Formeln.

„Das sind Versuche, die Konsequenzen von asymmetrischer Information zwischen Eheleuten zu analysieren", erläutert sie. Wer sich jetzt praktische Lebenshilfe für daheim erwartet, irrt.

Es geht um Entwicklungspolitik, aber das erwähnt Tertilt nicht, und zwar nicht, weil sie es vergessen hätte, sondern weil es um die Allgemeingültigkeit der Aussagen geht. Sie hat die Formeln neulich mit einem Kollegen auf die Tafel gezaubert, um der Lösung eines zentralen Problems in einem ihrer gegenwärtigen sechs Arbeitsprojekten ein Stück näher zu kommen. Angenommen, die Frau erhält neben dem normalen Familieneinkommen einmalig zusätzliche Einkünfte, was macht sie dann damit und wie redet sie darüber? Womöglich gar nicht?

TERTILT HAT IHRE TAGE STRAFF ORGANISIERT, AUCH IHRE FREIZEIT

Man erkennt allein an diesem Beispiel, wie sehr die Makroökonomin Tertilt Theoretikerin ist, Theoretikerin für Phänomene aus der praktischen Lebenswirklichkeit. Und man erkennt, wie sie vorgeht: akribisch sorgfältig, systematisch und stets mit dem Ziel, ein grundlegendes Modell mit einem konkreten Nutzen zu entwickeln. Dabei kennt sie keine Denkverbote. Was sie da an die Wand skizziert hat, wirkt nur auf den ersten Blick abstrakt-harmlos. Bei näherem Hinsehen könnte es größere Wirkung entfalten und festgefügte Denkmuster einreißen.

Denkmuster, die besagen, dass es grundsätzlich sinnvoller sei, Entwicklungshilfe an Frauen zu geben. Entwicklungshilfe-Organisationen rund um den Globus und die Weltbank scheinen gegenwärtig davon überzeugt zu sein, dass es besser sei, eher Frauen als Männern zu helfen. Denn Frauen, so die gängige These, stecken das Geld in die Kinder, also in Bildung, Wachstum und die Zukunft. Männer hingegen versaufen es, verkürzt ausgedrückt.

Ein politisch heikles Thema. Stellt jetzt ausgerechnet eine Frau die Hilfe für Frauen infrage? Nein, Tertilt bedauert, dass allem Anschein zum Trotz nur ein Bruchteil der Entwicklungshilfe wirklich bei den Frauen landet. Das meiste Geld fließe an Politiker, Institutionen oder Infrastrukturprojekte und damit in männliche Hände. „Aber was wir sagen wollen, ist: Bitte denkt nicht, das ist jetzt das Wundermittel." Tertilt hat mit ihrem Kollegen zwei Bedingungen herausgearbeitet, die nach ihren Erkenntnissen notwendig sind, damit die an Frauen gezahlte Entwicklungshilfe Wachstum befördert: Erstens muss der Einkommensunterschied zwischen Mann und Frau groß sein, und zweitens muss das Land auf einem Entwicklungsstand sein, in dem Investitionen in Bildung fruchten. In ganz armen Ländern könnte sich die Hilfe an Frauen hingegen nachteilig auswirken. Denn dann könnte sie Investitionen in grundlegende Dinge wie Straßen, Häuser oder Schulen verdrängen.

Es ist nicht so, dass Tertilt mit diesen oder anderen Erkenntnissen sofort von sich aus aufwarten würde. Im Gegenteil, man muss schon mitdenken und nachfragen, dann leitet die Professorin die Hypothese im Gespräch didaktisch her. Sie steigt damit aber nicht ins Gespräch ein. Dass sie vor Energie sprüht, steht dazu nicht im Widerspruch. Tertilt ist Forscherin durch und durch. Man spürt, dass sie Spaß am Diskurs, am Denken von Neuem und an der wissenschaftlich einwandfreien Analyse hat.

Ein Schlüsselmoment in ihrer Karriere war die Teilnahme am Doktorandenprogramm der University of Minnesota. Unter anderem auch wegen der Abende, an denen sie mit den Kommilitonen begeistert und hochtheoretisch über das Gelernte debattierte. Der Professor „subventionierte", wie sie scherzend sagt, freitags von fünf Uhr an das Bier und die Doktoranden diskutierten über Mindestlohn, Finanzkrisen und andere aktuelle politische Themen. In Minnesota festigte sich ihr Entschluss, Forscherin zu werden; aber keine Forscherin im luftleeren Raum, sondern eine, die sich mit dem befasst, was gerade in der Welt passiert.

In den beiden letzten von insgesamt sechs Jahren schrieb sie ihre Dissertation über den Zusammenhang von Polygamie und Spar- beziehungsweise Investitionsverhalten in Afrika. Während des Programms lernte sie zwei Kommilitonen kennen, mit denen sie noch heute, 15 Jahre später, in wichtigen

Fachzeitschriften publiziert. In diesen Jahren, sagt sie, sei ihr Denken maßgeblich geprägt worden. Und auch die Sprache der Schnellrednerin hat noch einen amerikanischen Klang.

Von Minnesota schaffte sie den Sprung an die Eliteuniversität Stanford und wurde Assistent Professor, mit nur 31 Jahren. Sieben Jahre verbrachte sie an der amerikanischen Westküste, arbeitete hart und publizierte viel, bis sie den Wunsch verspürte, in die Nähe ihrer Familie zurückzukehren. In Bielefeld, der Nähe ihrer westfälischen Heimat, hatte sie Volkswirtschaft studiert. Aber die Wahl fiel eindeutig auf Mannheim, weil die Universität dort ihre Strukturen stark amerikanisiert und die wirtschaftswissenschaftliche Fakultät über Deutschland hinaus einen Ruf hat. Außerdem leben ihre Geschwister im Frankfurter Raum. Also Mannheim.

Der französische Nobelpreisträger Jean Tirole nennt sie die beste Universität Deutschlands. Klassische Lehrstühle gibt es dort nicht mehr, sondern flache Hierarchien. Tertilt fühlt sich hier wohl. Auch, weil sie zum Forschen und Publizieren kommt. Gerade hat sie mit Kollegen einen Artikel über Konsumentenkredite und -insolvenzen in einer renommierten Fachzeitschrift untergebracht. Das Thema rund um Privatinsolvenzen ist ihr zweites Standbein. Auch darauf ist sie in Minnesota aufmerksam geworden. Ihr Hauptgebiet und ihre Nische ist aber die makroökonomische Forschung mit dem Schwerpunkt Familien- und Entwicklungsökonomie.

Tertilt ist Mitglied der EEA, eben jener Vereinigung bedeutender europäischer Wirtschaftswissenschaftler, und vieler anderer Fachgremien. Ihr Lebenslauf füllt sieben Seiten. Ihre Tage sind straff organisiert, und auch die Freizeit überlässt sie nicht dem Zufall. Auf dem Tisch zwischen Fahrrad und Tafel liegt ein Autoschlüssel. Mit dem Wagen fährt sie, so die Zeit es zulässt, in den Wald, das Mountainbike im Kofferraum. Damit rast sie die Hänge hinab. Sie liebt den Sport, weil sie auf jede Wurzel achten muss, um nicht zu stürzen. Das beansprucht die ganze Konzentration. Und nur so kann Tertilt richtig abschalten.

Ihren Sommerurlaub verbrachte sie auf Naxos. Nicht, um in der Sonne zu liegen, sondern zum Kitesurfen. Auch so ein Sport, bei dem sie den Kopf frei kriegt. Es war die Zeit, in der man in Griechenland kein Geld aus dem Automaten ziehen konnte. Tertilt äußert sich nicht gern zu Griechenland, es sei ja nicht ihr Fachthema. Aber dass ein Land nicht auf die Beine kommt, wenn man die Geldautomaten sperrt, sei klar. So klar, dass die Ökonomin dazu nicht einmal eine komplizierte Formel an die Wand werfen muss. *Michael Kläsgen*

ZWEI LIEBLINGSBÜCHER Michèle Tertilt haben diese beiden Bücher besonders inspiriert: „The Elusive Quest for Growth" von William Easterly und „A History of the Wife" von Marilyn Yalom. Das erste hat sie noch in Stanford gekauft. Es sei ein guter Einstieg in die Entwicklungsökonomie und eine spannende Lektüre. Yalom, Historikerin, Stanford-Professorin und Feministin, beschreibe in ihrem Buch, wie sich die Position der Ehefrau über die Jahrhunderte verändert hat. Tertilt sagt, sie habe dabei Erstaunliches gelernt.

Das meiste Geld in der Entwicklungshilfe fließt an Politiker, Institutionen und Infrastrukturprojekte. Und damit in männliche Hände.

MICHÈLE TERTILT

SPRUNGBRETT
IN CHICAGO

Die Heidelberger Professorin Christina Gathmann gehört
zu den gefragtesten Ökonominnen der Republik –
nicht zuletzt, weil sie Themen mit aktuellem Bezug erforscht.
Bisweilen ist ihr das lästig: Zum Beispiel, wenn pausenlose
Anfragen sie von ihren Datensätzen abhalten.

Über die Jahre hat sich ihre Faustregel bewährt: Drei Anfragen lehnt sie im Schnitt ab, bevor sie wieder einer zusagt. In einer Zeit, in der viele Wissenschaftler jede Chance nutzen müssen, sich zu profilieren, macht Christina Gathmann das Gegenteil. Sie siebt aus. Das kann sie sich leisten, denn Gathmann ist eine der renommiertesten Volkswirtinnen des Landes. Sie hat den Lehrstuhl für Arbeitsökonomie und Neue Politische Ökonomik an der Universität Heidelberg inne, ihre Spezialgebiete sind Arbeitsmärkte, Migration und Familienpolitik. Sie sitzt im wissenschaftlichen Beirat des Bundeswirtschaftsministeriums und ist Mitherausgeberin der Fachzeitschrift *European Economic Review;* sie ist im Verein für Socialpolitik aktiv und veröffentlicht für das Zentrum für Europäische Wirtschaftsforschung.

Schon diese Aufzählung zeigt, warum die selbst auferlegte Regel notwendig ist. Denn dass Christina Gathmann nicht mehr alle Anfragen annimmt, ist kein Zeichen für mangelndes Interesse. Im Gegenteil, ob aktuelle Fragen, Grundlagenforschung oder Gremienarbeit, für vieles kann sich die Frau mit den kinnlangen, graublonden Haaren und dem zuweilen sehr ernsten Blick begeistern.

Dass sie nicht all diesen Interessen nachgibt, ist ein Zeichen ihres Pragmatismus. Sie muss Prioritäten setzen, das hat sie im Laufe ihrer Karriere gelernt. Und die stehen fest: Sie verbringt lieber Zeit damit, Datensätze auszuwerten, als anderen zu erklären, warum das wichtig ist oder in Universitätsgremien zu streiten. Kurz: Sie forscht lieber, als dass sie Forschung repräsentiert.

Das merkt man auch, wenn man sie an ihrem Arbeitsplatz besucht. Neben der Holzpforte am Altbau in der Heidelberger

Innenstadt weist ein Schild nur auf das Institut für Gerontologie hin, erst im Flur gibt ein laminiertes Papier einen Hinweis auf ihren Lehrstuhl. Klopft man an die Tür, erscheint ein junger Mann mit Bart, Hornbrille und Strickpullover. Die Ökonomin zu finden, ist gar nicht so einfach. Ein Fakt, über den sie kurz lacht, es klingt froh. Als sie 2011 den Lehrstuhl bekam, hätte sie über andere Zimmer verhandeln können, sagt sie. Wollte sie aber nicht, weil sie sich wohlfühle in diesen bescheidenen Räumen. Wie auch im Universitätsleben und in der Volkswirtschaftslehre an sich.

Das war nicht von Anfang an so. Volkswirtschaftslehre habe sie einst „total langweilig" gefunden, sagt sie. Damals geht sie noch zur Schule, keine 300 Meter von ihrem heutigen Büro entfernt. Ihr älterer Bruder fängt an, Ökonomie zu studieren, sie kann nicht verstehen, warum.

ES BEGANN WIE BEI VIELEN ÖKONOMEN: MIT DEM WUNSCH, DIE WELT ZU VERÄNDERN

Christina Gathmann, geboren im Sommer 1971, möchte die Welt verändern. Sie geht nach dem Abitur nach Venezuela, woher ein Teil ihrer Familie stammt, reist umher. Schon damals ist sie sehr neugierig. Sie will wissen, wie die Welt funktioniert, warum Menschen auf bestimmte Weisen handeln, welche Politik etwas bringt. Ihre Wissbegier treibt sie zu einem breiten Studium: Sie beginnt mit Soziologie, Philosophie und Volkswirtschaftslehre in Heidelberg und wechselt zwei Jahre später nach Berlin. Dort bekommt sie allmählich eine Idee, wo sie Antworten auf ihre vielen Fragen finden kann. Was, wenn sie die politischen und sozialen Fragen, die sie bewegen, mit Methoden der Volkswirtschaftslehre am besten beantworten kann? Es ist ein vages Gefühl, ein „da ist noch mehr".

Und so geht sie den nächsten Schritt. „Im Nachhinein sieht das alles ganz schön aus, aber einen richtigen Masterplan hatte ich nicht", sagt sie. Tatsächlich war es, wie es im Leben oft ist: eine Mischung aus Interesse, Intuition und Pragmatismus. Ihr damaliger Freund und heutiger Mann wollte in die USA. Gathmann bewarb sich um einen Platz an der University of Chicago, rund 30 junge Wissenschaftler wurden in das Programm mit Hunderten Kandidaten aufgenommen.

Dann beginnt eine Zeit, in der Gathmann „wahrscheinlich so viel wie nie davor und nie wieder danach" gelernt hat. Vor allem zu Beginn hat sie trotz zweier Diplome das Gefühl, kaum etwas zu wissen. Chicago sucht nicht umsonst die Studenten danach aus, wie zäh sie scheinen. Gathmann befasst sich fortan sieben Tage in der Woche mit Volkswirtschaftslehre, hat tagsüber Kurse, diskutiert abends mit Kommilitonen. Gleichzeitig lernt sie eine neue Schule der Ökonomik kennen: Chicago gilt als marktliberal. Gathmann ändert nicht alle ihre Meinungen – aber sie lernt, vermeintliche Gewissheiten zu hinterfragen. Und vor allem begreift sie, was Wissenschaft sein kann.

Chicago ist berühmt für den offenen, kritischen Umgang miteinander. Dort hört der Nobelpreisträger dem Doktoranden zu, wenn der eine spannende Frage klug beantwortet: „Da sitzt man bei Leuten, bei denen brennt die Leidenschaft für das, was sie tun", sagt Gathmann. Erst damals, erzählt sie, habe sie realisiert, dass sie in die Forschung wolle. „Wie genial, dass man sein Leben mit Sachen verbringen kann, die einen interessieren!"

Ihre nächste Station ist Stanford in Kalifornien, dort lehrt sie zwei Jahre, doch ihr wird klar: Nur in Deutschland haben sie und ihr Mann, ebenfalls Wissenschaftler, die Chance, langfristig in der gleichen Region zu sein. Schließlich kommt der Ruf aus Mannheim, die Universität bietet beiden einen Job. Lange bleiben sie nicht zusammen, 2011 wechselt Gathmann nach Heidelberg.

Ein toller Schritt – aber einer, der sie nach Jahren in den USA auch anstrengt: „Dieses System hier war mir so fremd", sagt sie. Das fing mit der Idee an, dass ein großer Lehrstuhl wichtig sei und reichte bis zu all den Pflichten, die sie neben der Forschung hatte. „Hier eine Vorlesung, da ein Kommentar, die Gremienarbeit – ich dachte: Das sind alles Sachen, mit denen ich mich nie beschäftigt habe, nie beschäftigen wollte. Dieser Strauß an

Erwartungen war für mich überraschend, darauf war ich nicht vorbereitet." Damals lernt sie, bei bestimmten Dingen zu sagen: „Ne, das bin ich nicht, das will ich nicht und das mache ich nicht."

Diese Arbeit gehört aber dazu – dennoch nimmt sie sich so oft wie möglich Zeit für Forschung. Mit Kollegen untersucht sie ein Thüringer Modell zum Betreuungsgeld und stellt fest, dass es nur bedingt wirksam ist. Sie weist in einer Studie nach, dass die Staatsbürgerschaft bei weiblichen Migranten die wirtschaftliche und soziale Integration fördert. Und sie zeigt, warum direkte Demokratie die Ausgaben von Gemeinden senkt. Der hohe Praxisbezug ihrer Forschung ist dabei Vor- und Nachteil zugleich: Gerade, weil sie aktuelle Fragen erforscht, erhält sie viele Anfragen, die von der Forschung wegführen. Als ihre Studie zum Betreuungsgeld bekannt wird, klingelt durchgehend das Telefon.

IN DER WIRTSCHAFTSPOLITIK GEHT ES VIEL UM IDEOLOGIE UND WENIG UM FAKTEN

Schnell steckt sie mitten in dem Kreislauf, der erfolgreiche Frauen in der Volkswirtschaftslehre erfasst: Weil Ökonominnen ab einer gewissen Liga noch in der Minderheit sind, steigt mit der Bekanntheit die Zahl der Anfragen und umgekehrt. So sehr, dass es Gathmann manchmal wundert: „Auf einmal wollen alle möglichen Leute was von einem, bei denen man sich fragt: Woher kennen die mich überhaupt?", sagt sie und lacht.

Heute berät sie unter anderem das Wirtschaftsministerium. Aber ist es nicht toll, mitzugestalten? Ja, einerseits, findet sie. Andererseits sieht sie die Rolle von Wissenschaftlern in der Öffentlichkeit kritisch. Sie werden zwar nach ihrer Meinung gefragt, aber nicht immer fließt das Gesagte in die politischen Entscheidungen ein. „Es geht viel um Ideologie und wenig um Fakten und Evidenz – das regt mich total auf. Ideologie ist Privatsache und bringt uns nicht weiter. Wir sollten über Probleme

reden und wie wir sie lösen." Ihr aktuelles Beispiel: die Flücht-
lingspolitik. Alle Kommenden aufzunehmen, findet Gathmann
unehrlich. Sie plädiert für klare Regeln und eine Förderung
derjenigen, die schon da sind. Dass das sinnvoll ist, ist ein Ergebnis ihrer Forschung. „Eine Perspektive ist das Wichtigste
für jemanden, der einwandert. Wenn ich aber nicht weiß, ob ich
bleiben kann, ist das der Killer für jede Idee von Investition in
Humankapital. Dann werde ich versuchen, hier irgendeinen Job
zu machen und Geld nach Hause schicken. Und das ist genau
das, was wir beobachten. Ich halte das als Arbeitsmarktökono-
min für idiotisch."

Solche Dinge, natürlich differenzierter, sagt sie auch in Gremien. Aber bis solche Impulse durchsickern, dauere es. Das
Gefühl, ihre Zeit zu verschwenden, hat sie dennoch nicht. Wäre
das so, würde sie von ihren Ämtern sofort zurücktreten, sagt sie.
Klingt pragmatisch.   *Lea Hampel*

*ZWEI LIEBLINGSBÜCHER Gathmann ist ein großer Fan latein-
amerikanischer Literatur, also wählt sie Gabriel García Márquez' Buch:
„Hundert Jahre Einsamkeit". Seine magische Erzählweise und die Ver-
wundbarkeit seiner Personen spiegele in einzigartiger Weise das Leben
in Lateinamerika wieder. Ein Leben, „dem ich mich durch meine nach
Venezuela ausgewanderte Familie sehr verbunden fühle".*

*Als Fachbuch nennt die Wissenschaftlerin Milton Friedmans
„Capitalism and Freedom". Die Auseinandersetzung mit der Chicagoer
Schule war ein wichtiger Bestandteil ihrer Zeit in Chicago. „Das heißt
nicht, dass ich mich als unkritische Anhängerin von Friedman sehen
würde", sagt Gathmann. „Jedoch habe ich durch seine Gedanken zur
Rolle des Staates und zur Frage, wie wirtschaftspolitische Instrumente
etwa in der Bildungs- oder Sozialpolitik wirken, sehr viel für meine eigene Forschung gelernt." Gathmann hatte das Glück, Milton Friedman
anlässlich seines 90. Geburtstages in Chicago zu erleben. Es sei schon
beeindruckend gewesen, wie er mit 90 Jahren die Kollegen aus Harvard,
Stanford und Chicago intellektuell mühelos herausforderte.*

DU, ICH UND WIR ZUSAMMEN

*Miriam Beblo erforscht, wie Paare entscheiden,
warum Männer und Frauen unterschiedlich viel verdienen und
welche familienpolitischen Maßnahmen sinnvoll sind. Dabei hatte
sie nie den Plan, Professorin zu werden.*

Von dem, was Ökonomen jüngerer Generationen ausmacht, hat Miriam Beblo ziemlich viel. Ihre Arbeit ist stark empirisch ausgerichtet, sie nutzt Methoden verschiedener Disziplinen, sie ist interessiert an Geschlechter- und Identitätsfragen. Und sie mag es, alte Gewissheiten infrage zu stellen. Den alten weisen Wissenschaftler, der Experte für alles ist, gibt es ohnehin nicht mehr: „Das große Ganze ergibt sich aus vielen Einzelbeiträgen", ist Beblo überzeugt. Heute wird arbeitsteilig geforscht.

Seit ihrer Doktorarbeit ist Beblo einem Thema treu geblieben: Sie untersucht, wie Paare entscheiden. Wer geht arbeiten? Wer bringt die Kinder zur Kita? Welche Rolle spielt das Geschlecht, wenn Paare gemeinsam Entscheidungen treffen? Es sind Fragen, die Ökonomen bis vor Kurzem noch überhaupt nicht interessiert haben.

Die Ökonomin führt durch eine lichtdurchflutete Erdgeschosswohnung in Berlin-Schöneberg. Sie betritt einen kleinen Raum, der noch karg eingerichtet ist: ein Schreibtisch, ein Stuhl, helles Parkett. Die Wände sind blank. Vor dem Fenster erstreckt sich ein ruhiger Innenhof. In Hamburg, sagt sie, hätte man den schönen Blick aus ihrem Bürofenster auf die Oper beschreiben können.

Dort ist Beblo, Jahrgang 1970, Professorin für Arbeitsmarkt, Migration und Gender. So ungewöhnlich wie dieser Professorentitel ist auch ihre akademische Laufbahn: Anders als viele Kollegen hat sie keine Forschungsaufenthalte an Eliteuniversitäten in Übersee oder England hinter sich, vor ihrer Berufung hielt sie weder eine Juniorprofessur noch konnte sie eine Publikation in namhaften Fachjournalen wie dem *American Economic Review* vorweisen. Ihr Umweg war eine Professur an einer Berliner Fachhochschule.

„Ich hatte nie den übergeordneten Plan, Universitätsprofessorin zu werden", sagt sie. Sie hat stets bloß gemacht, was sie gerade interessierte. Es geschah einfach: Als Abiturientin wollte sie Architektin oder Städteplanerin werden, besuchte einmal eine Vorlesung in Makroökonomik und blieb dort hängen, weil ihr das Thema gefiel. Als Studentin begeisterte sie sich eigentlich für Makro-Themen und Wirtschaftspolitik, wollte Diplomatin werden, und durchdrang dann doch immer tiefer die angewandte Mikroökonomik. Am Zentrum für Europäische Wirtschaftsforschung, als Nachwuchswissenschaftlerin, spezialisierte sie sich auf Arbeitsmarktökonomik und ökonomische Geschlechterforschung. Während ihrer Jahre als FH-Professorin fand Beblo neben der Lehre genügend Zeit für ihre eigene Forschung, so blieb sie an der wissenschaftlichen Front.

Als die Professur in Hamburg ausgeschrieben wurde, wusste Beblo sofort: Das passt. Die Uni Hamburg sah das genauso.

BEI PAAREN HABEN IN FINANZIELLEN FRAGEN MEIST MÄNNER DAS SAGEN

Jetzt hat sie das richtige Umfeld gefunden, um all die Forschungsfragen anzugehen, die sie umtreiben. Denn die brauchen Zeit – und ein Labor. Wer wissen will, wie sich das Geschlecht auf Entscheidungen von Paaren auswirkt, stößt bald an Grenzen. Es gibt kaum verwertbare Daten, die alle wichtigen Aspekte abbilden. Beblo interessiert sich für weit mehr als die Frage, ob sich Männer und Frauen unterscheiden, wenn es darum geht, welche Berufe sie ergreifen und wie viel sie verdienen. Die Antwort ist schon lange bekannt und lautet in beiden Punkten: ja. Frauen verdienen im Mittel rund 20 Prozent weniger als Männer. Wenn man berücksichtigt, dass Frauen und Männer oft unterschiedliche Berufe wählen und Frauen durchschnittlich öfter ihre Karrieren unterbrechen, liegt der sogenannte bereinigte Gender Wage Gap, der Lohnunterschied bei gleichwertigen Tätigkeiten, noch immer zwischen sieben und acht Prozent. Beobachtet man noch mehr Unterschiede, könnte man den Lohnunterschied zwischen Männern und Frauen vielleicht sogar ganz erklären.

Und dann? „Dann nichts", sagt Beblo: „Dann ist zwar erklärt, warum es ein Lohndifferenzial gibt. Aber nicht, wie es dazu kommt, warum Frauen und Männer systematisch andere Berufe ergreifen und warum sie unterschiedliche Präferenzen zu haben scheinen."

Deshalb bohrt Beblo tiefer. Welche Vorstellungen und Wünsche gehen mit dem Geschlecht einher und woher kommen sie? Dazu gibt es kaum Daten. Also schaut sie in die Geschichte. Oder gleich Probanden ins Labor bittet. „Besonders an unserer Arbeit ist, dass wir echte Paare ins Labor holen und mit ihnen Entscheidungsexperimente durchführen", sagt Beblo. Das ist zwar viel teurer und aufwendiger als die klassischen Experimente mit Studierenden, dafür aber aussagekräftiger.

In Paaren, so zeigt sich, haben in finanziellen Fragen meist die Männer das Sagen, weil sie stärker zum Haushaltseinkommen beitragen. Je mehr Frauen zum gemeinsamen Einkommen hinzuverdienen, desto größer ist ihre Verhandlungsmacht gegenüber ihrem Partner. Und desto öfter setzen sie sich durch. „Unsere Ergebnisse lassen auch Rückschlüsse auf Entscheidungen außerhalb des Labors zu", sagt Beblo.

Eigene Daten aus dem Labor allein reichen nicht. Sie muss auch nach neuen Wegen suchen, um ihre Experimente zu deuten. Deshalb nimmt sie immer wieder Anleihen bei anderen Wissenschaften. Experimentabläufe entlehnt sie aus der Psychologie, Erklärungsansätze auch aus der Soziologie. Vor Kurzem hat sie sich in die Sprachwissenschaft vertieft und untersucht, ob die Geschlechtlichkeit der Sprache ökonomisch relevant ist. Dass es so ist und durch die Geschlechtlichkeit der Sprache Kosten für die Volkswirtschaft entstehen, konnte Beblo zumindest nicht ausschließen.

Wie sich Geschlechtsunterschiede ökonomisch auswirken, hat sie lange Zeit nicht beschäftigt. Irgendwann kam sie damit in Berührung – und nicht mehr davon los. Vor wenigen Jahren habe es auf großen Konferenzen immer nur eine oder zwei Sessions zum Thema Gender gegeben; beim letzten Mal zählte sie bereits sechs. Und es werden immer mehr, die sich für Geschlechterfragen interessieren.

Das freut Beblo. Ihre Motivation aber gewinnt sie anderswo. Sie feilt nicht gern endlos an Texten, bis eine Top-Zeitschrift sie akzeptiert. „Wichtig ist, dass die Forschung gemacht wird. Nicht, in welchem Journal sie erscheint", sagt Beblo. Sie möchte von der Politik gehört werden und auch von einem fachfremden Publikum: „Im Idealfall erforscht die VWL Wirkungszusammenhänge. Dadurch gibt sie der Politik genaue Handlungsoptionen an die Hand."

Seit 2014 ist die Ökonomin Mitglied im wissenschaftlichen Beirat für Familienfragen beim Bund. Mit Handlungsoptionen hat sie dort öfter zu tun: Das Betreuungsgeld etwa führe dazu, dass Frauen öfter dem Arbeitsmarkt fernbleiben, warnte Beblo. Besonders gering qualifizierten Frauen gäbe es besondere Anreize, nicht arbeiten zu gehen, weil durch das Betreuungsgeld ein verhältnismäßig größerer Teil des Lohns ersetzt wird. Frauen ohne Arbeitseinkommen haben tendenziell auch weniger Mitsprache bei familiären Entscheidungen. Hingegen könne das Elterngeld die Verhandlungsmacht und Entfaltungschance beider Partner erhöhen, ist sich Beblo sicher. Ebenso befürwortet sie Quotenregelungen, um dauerhaft Chancengleichheit herzustellen. Positive Diskriminierung also, denn Quoten beeinflussen, was Frauen zugetraut wird: „Das gilt nicht nur für Quoten in Führungspositionen, sondern sogar in Parteigremien. Das hat uns dann doch erstaunt", sagt Beblo.

Positive Diskriminierung allein macht aber nicht unbedingt alles besser. Das kennt sie aus eigener Erfahrung. An Unis müssen in Kommissionen und Ausschüssen ausreichend Frauen sitzen. Immer wieder hört sie von Kolleginnen, dass sie deshalb kaum zum Forschen kämen. Solange der Frauenanteil an den Universitäten nicht hoch genug ist, können solche Quoten auch ein Nachteil für Frauen sein. Denn es sind häufig dieselben Frauen, die für die Besetzung von Gremien infrage kommen. Dann sind plötzlich viel mehr Verwaltungsaufgaben zu erledigen, während die männlichen Kollegen mehr Zeit für die Forschung haben. „Zum Glück ist der Frauenanteil an meiner Uni recht hoch", sagt Beblo. „Aber selbst wenn nicht: Wenn Frauen zu viel im Uni-Management zu tun haben, haben sie einen ganz persönlichen Anreiz, weitere Frauen an die Uni zu holen, und die Arbeit mit ihnen zu teilen."

Die Quote wirkt also irgendwann auch so.

Aloysius Widmann

ZWEI LIEBLINGSBÜCHER Eher zufällig ist Miriam Beblo ein Reclam-Heftchen in die Hände gefallen: Jens Grimstein, Timo Skrandies und Urs Urban haben „Texte zur Theorie der Arbeit" zusammengestellt. Die Gedanken von Adam Smith bis Hannah Arendt bieten ganz unterschiedliche Erkenntnisse über das Wesen und die Bedeutung von Arbeit, findet die Wissenschaftlerin. Auf ihrem hohen Nachttisch-Bücherstapel liegt schon seit Längerem auch Ernest Hemingway: „A Moveable Feast" oder „Paris – ein Fest fürs Leben". Hemingway schaut darin zurück auf sein Leben im Paris der 1920er-Jahre, eine Epoche, die Beblo fasziniert. Aus traurigem Anlass (den Terroranschlägen in Paris) hat es neue Popularität erfahren.

**Wichtig ist, dass die Forschung gemacht wird.
Nicht, in welchem Journal sie erscheint.**

MIRIAM BEBLO

Wer soll das alles bezahlen?

FINANZMÄRKTE UND SCHULDEN

ABSCHIED VON DER SELBSTHEILUNGSTHEORIE

Die Finanzkrise 2008, Probleme mit Staatsschulden,
die neue Rolle der Notenbanken: Die Finanzmärkte gehören zum
aktuellsten wie auch komplexesten Forschungsgebiet
der modernen Ökonomik. Das zeigt nicht zuletzt der Umgang mit
der Krise des Euro-Währungsgebiets.

S ärge werden immer gebraucht", sagte der Sargmacher, als er bei der Berufsberatung einem Schulabsolventen die Vorzüge seiner Arbeit nahebrachte: konstante Nachfrage, sichere Verhältnisse.

Ähnliches dachten Politiker und Wirtschaftswissenschaftler von der Europäischen Währungsunion: In diesem großen Verbund seien alle Staaten sicher aufgehoben, sie würden nicht pleite gehen können. Wie sich dann zeigte, war das ein Irrtum. Als die Auswirkungen des Zusammenbruchs der amerikanischen Investmentbank Lehman Brothers im Jahr 2008 zwei Jahre später ganz Europa in eine Krise stürzten, war das Erstaunen groß. Nur wenige Wirtschaftswissenschaftler hatten den Eklat prognostiziert. Nun stellte sich die Frage: Wie war es dazu gekommen? Wie kann man dergleichen künftig vorhersehen und abwenden? Ein paar deutsche Ökonomen hatten sich längst schon mit Themen befasst, die vor der Krise als ein wenig abgelegen galten, mit denen sie aber nun zu Stars der Zunft wurden. Einige von ihnen werden auf den folgenden Seiten vorgestellt.

Es gibt zwei widerstreitende Erklärungen, wie es zur Eurokrise kam. Sehr vereinfacht lautet die eine so: Mit der Einführung des Euro war es ärmeren Ländern möglich, zu geringen Zinsen viel Geld aufzunehmen. Der Euro war solide, eine Abwertung der nationalen Währung war nicht mehr zu befürchten, weil es diese ja nicht mehr gab. Das wurde hemmungslos ausgenutzt. Als dann die Welt und vor allem die Rating-Agenturen fragten, wer die Zinsen auf die gegebenen Staatsanleihen überhaupt bedienen könne, hatte dem Haushalt jener Länder, die allzu eifrig Kredite aufgenommen hatten, das letzte Stündlein geschlagen. Alle Europäer mussten helfen, die großen Schuldenmacher zu retten. Das galt vor allem für die Länder des südeuropäischen Raums, deren Produktivität und Exportbilanzen im Vergleich zu nördlichen Nachbarn nicht besonders gut sind.

Soweit zur einen Sichtweise. Sie wurde bevorzugt von Nordeuropäern vertreten, von denen viele gern Ferien in heiteren Gefilden machen und den südeuropäischen „Schlendrian" also aus nächster Nähe, zum Beispiel von der Strandliege aus, diagnostizieren konnten. Aus deren Perspektive handelte es sich um eine Staatsschuldenkrise.

Diese Theorie hat etwas für sich. Nicht umsonst hatten viele, angefangen mit dem damaligen Präsidenten der Deutschen Bundesbank Otto Pöhl, ein schlechtes Gefühl, als im Vertrag von Maastricht 1992 die Währungsunion beschlossen wurde: Wie kann eine Währung für alle gelten, für wohlhabende Länder, die um Geldwertstabilität besorgt sind, ebenso wie für ärmere, die eine expansive Schuldenpolitik betreiben müssen, damit ihre Wirtschaft auf Trab kommt? In der Eurokrise zeigte sich, dass die Skeptiker recht behalten sollten. Allerdings wurden ihre Vorbehalte nur in einem einzigen Land Wirklichkeit: in Griechenland. Da waren es tatsächlich die Regierungen, die zu viele Schulden machten. Für die übrigen von der Eurokrise gebeutelten Länder gilt das nicht.

In Spanien, Portugal und Irland handelte es sich vornehmlich um eine Bankenkrise. Und die kam so zustande: Zunehmend legten die Banken weltweit nicht nur die Einlagen ihrer

Kunden an, sondern sie schufen immer neue Aktiva, die durch keine echten Vermögenswerte gedeckt waren. Diese Finanzprodukte, bei denen das Element der „Produktion" allein in den Köpfen findiger Bankleute lag, wurden verkauft. Ein immer größerer Anteil des Kapitals wurde nicht mehr in verarbeitende Produktion investiert, sondern in Finanzkonstrukte. Wie der Wirtschaftshistoriker Moritz Schularick zeigte, hat der Wert dieser Konstrukte seit den Neunzigerjahren die real existierende Geldmenge mit wachsendem Tempo hinter sich gelassen. Das konnte nicht gutgehen. Der Umgang der Banken mit ihren Aktiva wurde zunehmend zur Windbeutelei. In den Vereinigten Staaten, dem weltgrößten Schuldner, ging erst die Bank Lehman Brothers über den Deister, und dann geschah das Gleiche mit etlichen anderen weltweit. Während viele Deutsche darüber jammerten, mit Garantien für Griechenland einstehen zu müssen, übersahen sie, dass deutsche Banken beim Kauf dubioser Finanzprodukte ganz vorn gewesen waren: Die Rettung deutscher Banken war es, die die deutschen Steuerzahler teuer zu stehen kam.

Die „Lehman-Oma" ist die sprichwörtlich gewordene Person, die um eine sichere Anlage bittet, keine Ahnung hat, von einem Typen mit Krawatte über die Theke gezogen wird und dann ihr Erspartes verliert. Die Lehman-Oma ist gewissermaßen die Antithese zum „homo oeconomicus", der alle seine Entscheidungen rational fällt. Wirtschaftswissenschaftler haben seit alters her gern mit diesem rationalen Agenten gerechnet: So konnten sie die menschliche Fehlbarkeit – die Effekte von Raffgier und Ängsten – aus ihren Untersuchungen ausblenden. Das machte ihre Arbeit sehr viel einfacher.

Als alle von der Lehman-Oma redeten, war der ökonomische Verbraucherforscher Roman Inderst zur Stelle. Auf Grundlage vieler Daten hat er ermittelt, dass deutsche Anleger, die weniger als 100 000 Euro parat hatten, im Schnitt ziemlich wenig für die Anzugtypen mit den Anlagevorschlägen hätten zahlen müssen und auch eine ganz ordentliche Rendite bekommen hätten.

Außerdem meint er, dass ein Berater schlecht beraten sei, gleich zu Beginn eines Beratungsgesprächs zu sagen, was seine Arbeit kosten werde. Besser sei, die Kosten in den Investitionsvertrag einzubringen: Anderenfalls könnten Anleger davor zurückscheuen, in Aktien zu investieren – was aber doch für die Wirtschaft nötig sei. Das zeigt, dass Inderst nicht ganz an die kühle Rationalität von Anlegern glaubt. Interessanterweise ist er trotzdem der einzige der in diesem Kapitel vorgestellten Ökonomen, der explizit sagt, bei der Geldanlage würden die Menschen im Prinzip vernünftig agieren.

Viele Wirtschaftswissenschaftler arbeiten heute lieber mit empirisch gesammelten Daten als allein mit mathematischen Modellen. Das macht ihre Theorien verständlicher und für die Politik interessant. Zu ihnen gehört Isabel Schnabel, die Wirtschaftskrisen untersucht hat und in den Sachverständigenrat der Wirtschaft bestellt wurde. Zu ihnen gehört auch Henrik Enderlein. Er berät die SPD. Die alte Frage, ob man mehr von der Angebotsseite her denken solle (also aus Sicht von Unternehmen) oder aus der Perspektive der Nachfrageseite (Arbeitnehmer, Arbeitslose) beantwortet er mit einem klaren Sowohl-als-auch. Mit seinen Worten: „Der Postkeynesianismus ist nun die dominierende Doktrin." In der Europäischen Union, hat er gesagt, gebe es „ein Nachfrageproblem, weshalb höhere Investitionen in Deutschland und anderen EU-Ländern sicher hilfreich wären". Aber Europa habe auch ein Angebotsproblem: In vielen Ländern müsse die Wirtschaft wettbewerbsfähiger werden. Enderlein plädiert dafür, die EU zu einer Fiskalunion auszuweiten, mit einem EU-Finanzminister. Und wenn ein Land zurückbleibt, dann müsse es halt hinnehmen, für eine Weile seine wirtschaftliche Souveränität an den EU-Finanzminister und die EU-Institutionen abzugeben. Funktionieren werde das allerdings nur in einer EU, die wahrhaft demokratisch geführt wird.

Und wenn alles nicht mehr hilft, wenn ein Land der Europäischen Währungsunion wirtschaftlich am Boden liegt, was dann? Christoph Trebesch hat in der Geschichte der vergangenen zweihundert Jahre nachgesehen, wie Staaten nach Insolvenzen dastanden. Zusammen mit dem Wirtschaftshistoriker Moritz Schularick plädiert er für „die geregelte Staatsinsolvenz", auch in Europa. „Länder, die sich für insolvent erklären", sagt Trebesch, „und mit oder ohne Zustimmung ihrer Gläubiger einen Teil ihrer Schulden streichen, wachsen nach so einer Pleite-Episode deutlich schneller als vorher." Das wichtigste Argument dagegen bestehe in der Annahme, solche Staaten würden sich unmöglich machen und seien auf Jahre hin nicht mehr kreditwürdig. Falsch, sagt Trebesch: Zwar habe es in den Achtzigerjahren im Schnitt vier Jahre gedauert, bis ein Land neue Kredite bekam. Aber schon in den Neunzigerjahren seien sie unmittelbar danach wieder eingetrudelt. Außerdem dürfe man nicht vergessen, dass Gläubiger auch dann gut verdienen, wenn ein Schuldenschnitt sie eines Teils ihrer Einlagen beraubt: Die zuvor gezahlten Zinsen würden diesen Verlust zumeist mehr als wettmachen.

Anstatt die Insolvenz-Erklärung eines Mitglieds der Europäischen Währungsunion möglich zu machen, möchte Markus Brunnermeier dergleichen lieber von vornherein vermeiden. Er hat einen raffinierten Vorschlag gemacht, der weiter hinten vorgestellt wird. Brunnermeier hat sich ausführlich mit Spekulationsblasen beschäftigt und erkannte: „Dieselben Automatismen, die zum Crash führen, sind es auch, die Anlegern oft über Jahre hinweg Profite bescheren."

Eines ist allen hier vorgestellten Wissenschaftlern gemeinsam: Sie haben sich von dem seit den Achtzigerjahren gängigen Glauben an die Selbstheilungskräfte der Märkte verabschiedet. Ohne politische Lenkung in dieser oder jener Form, das denken alle, neigen die Finanzmärkte dazu, hochzukochen und ganze Länder an den Abgrund zu bringen. Wenn die vielen Krisen der vergangenen Jahre – in Asien, in Amerika, in Europa – ein Gutes hatten, dann ist es dieses: Die neuen Leute finden mit ihren Ansichten heute Gehör. *Franziska Augstein*

EIN LANDSHUTER
IN PRINCETON

*Der junge Wissenschaftler Markus Brunnermeier wurde vom
späteren US-Notenbankchef Ben Bernanke entdeckt. Jetzt
erforscht er Finanzkrisen und sucht nach Rezepten dagegen.*

E s gibt wahrscheinlich keinen Ökonomen, der mehr Nägel
eingeschlagen hat als ich", sagte Markus Brunnermeier einmal dem *Yale Economic Review*. Eine bemerkens-
werte Selbstauskunft für einen Wirtschaftsprofessor, der sich
im Hauptberuf damit befasst, was die Leute in den Notenbanken und an hochkomplexen Finanzmärkten tun. Doch die
ungewöhnliche Karriere des Ökonomen beginnt tatsächlich
mit Nägeln.

Brunnermeier wurde 1975 in Altdorf geboren, einem Vorort
von Landshut. Seine Eltern besitzen dort eine Zimmerei, die
Markus als ältester Sohn hätte übernehmen sollen. Deshalb
schloss er die Schule mit der mittleren Reife ab und machte eine
Ausbildung an den Finanzämtern von Landshut und München.
Dabei entdeckte er sein Interesse an der Ökonomie, er holte
das Abitur nach und studierte Volkswirtschaftslehre, zunächst
in Regensburg, danach in Bonn, Nashville (Tennessee) und
schließlich an der London School of Economics. Dort entdeckte ihn schließlich Ben Bernanke. Der spätere US-Notenbankchef
war damals Dekan der wirtschaftswissenschaftlichen Fakultät
in Princeton und ausgewiesener Spezialist für die Weltwirtschaftskrise der 1930er-Jahre. Bernanke wollte ein Institut aufbauen, das sich dem Zusammenhang zwischen Finanzmärkten

und Volkswirtschaft widmen sollte und suchte nach talentierten Ökonomen. Heute ist Brunnermeier Leiter dieses Bendheim Center of Finance.

Worum es bei seinen Forschungen geht, erklärt Brunnermeier so: „Vor 2008 dachte man, Finanzkrisen seien ein Problem von Entwicklungsländern. Die Große Rezession hat uns eines Besseren belehrt." Was die Ökonomik bisher viel zu wenig beachtet habe, sei die Verschuldung von Banken und Haushalten als Auslöser von Krisen. Seine Innovation nennt Brunnermeier „I-Theorie des Geldes", wobei das „I" für „Inside Money" steht, also das Geld, das die Banken im Zuge ihres Kreditgeschäftes schaffen („Giralgeld"). Der Grundgedanke sieht so aus: In einer schweren Krise wie 2008 oder 1929 geht die umlaufende Menge an „Inside Money" zurück, weil die Banken keine Kredite mehr vergeben. Als Reaktion muss die Notenbank ihr eigenes Geld in den Markt pumpen – was Federal Reserve und Europäische Zentralbank, EZB, taten und immer noch tun.

WIE SICH KÜNFTIG KRISEN IN DER EURO-ZONE ENTSCHÄRFEN LASSEN

Das reicht aber nicht, denn wenn die Bilanzen der Banken mit faulen Krediten von Unternehmen, Haushalten und Regierungen belastet sind, werden sie trotz der Geldschwemme keine Kredite vergeben. Also müssen die Politiker Preisstabilität, Finanzstabilität und gesunde Staatsfinanzen gleichzeitig verfolgen, was bisher nicht geschehen ist.

Das brisante Forschungsgebiet legt nahe, dass der Princeton-Professor auch die Politik berät. Tatsächlich bat schon der frühere amerikanische Finanzminister Timothy Geithner um Brunnermeiers Meinung, er beriet die Federal Reserve Bank of New York und er sitzt im Forschungsbeirat der Deutschen Bundesbank.

Vor vier Jahren legte Brunnermeier zusammen mit mehreren europäischen Kollegen einen Plan vor, der künftig Krisen in der Euro-Zone entschärfen könnte. Die Währungsunion leide unter einem „fundamentalen Widerspruch", sagt er. Einerseits soll es keine Hilfen für gefährdete Mitgliedsstaaten geben („No-Bail-Out-Klausel"). Andererseits werden alle Staatsanleihen, unabhängig von ihrer Bonität, gleich behandelt. „Das führt dazu, dass Haushaltskrisen, wie in Griechenland, automatisch zu Bankenkrisen werden." Dieser Falle könnte man durch Gründung einer Europäischen Schuldenverwaltung entkommen.

Die Idee: Die neue Behörde würde den Euro-Ländern ihre Staatsanleihen bis zu einer bestimmten Grenze abkaufen. Danach würde sie die Risiken neu mischen: Einerseits in supersichere Anleihen (European Safe Bonds, ESBies). Sie würden auch den Staatsbankrott eines Euro-Mitglieds aushalten und wären daher ein ideales Anlage-Instrument für Banken und Versicherungen. Andererseits gäbe es riskante „Junior Bonds", die dann Spielball für Spekulanten wären. Den hohen Risiken entsprächen unter Umständen auch hohe Erträge. Anders als bei den hochumstrittenen Euro-Bonds müssten hierbei nicht die Steuerzahler des einen Landes für die Anleihen der anderen bürgen. Der Risikoausgleich fände über den Markt statt.

WARUM DIE AGGRESSIVE GELDPOLITIK DER EZB RICHTIG IST

Bisher hat niemand Brunnermeiers ESBies aufgegriffen. Er räumt auch ein, dass seine Erfindung in der akuten Griechenland-Krise nicht helfen würde. Sie könnte aber ähnlich schlimme Krisen in Zukunft verhindern. Der Plan liegt in den Schubladen von Bundesbank, Bundesregierung und beim Internationalen Währungsfonds. In einem Papier, das er zusammen mit der Mainzer Professorin Isabel Schnabel, Mitglied im deutschen Sachverständigenrat, verfasst hat, plädiert Brunnermeier dafür, Notenbanken sollten versuchen, die Luft aus Spekulationsblasen zu lassen. Besonders die Federal Reserve hatte bisher Scheu dies zu tun.

Die aggressive Geldpolitik der Fed und der EZB hält Brunnermeier für richtig. Er schränkt aber ein, dass jetzt alles davon abhängt, wie gut die Notenbanken zur Normalität zurückkehren. „Das letzte Kapitel ist dabei noch nicht geschrieben", sagt er.

Brunnermeier ist mit der in Indien geborenen Umweltökonomin Smita Brunnermeier verheiratet. Sie lehrt an der Woodrow Wilson School in Princeton. Das Paar hat zwei Töchter.

Nikolaus Piper

ZWEI LIEBLINGSBÜCHER Markus Brunnermeier fällt als erstes ein Klassiker ein: „A Monetary History of The United States 1857–1960" von Milton Friedman und Anna Schwartz. In dem 850-Seiten-Werk vertreten Friedman und Schwartz die These, dass vor allem Notenbanken Schuld an der Weltwirtschaftskrise gehabt hätten. Unter den populärwissenschaftlichen Büchern hat ihn zuletzt besonders fasziniert: „The Second Machine Age: Wie die nächste digitale Revolution unser aller Leben verändern wird". Geschrieben haben es Erik Brynjolfsson und Andrew McAfee vom MIT in Cambridge.

**Vor 2008 dachte man, Finanzkrisen seien
ein Problem von Entwicklungsländern. Die Große
Rezession hat uns eines Besseren belehrt.**

MARKUS BRUNNERMEIER

WEISE, ABER LEISE

*Isabel Schnabel ist Deutschlands wichtigste
Wirtschaftswissenschaftlerin. Eitel ist sie deshalb nicht –
sondern froh und voller Tatendrang.*

Es ist ein kleines „Ja". Isabel Schnabel sagt es mit ihrer tiefen Stimme und einer Selbstverständlichkeit so leicht dahin, als würde sie bestätigen, dass sie gern Milch zum Kaffee hätte. Doch es ging weder um Milch noch um Kaffee, es ging um Ehrgeiz und Erfolg. Die Frage lautete: Waren Sie ehrgeizig? Dem „Ja" setzt sie noch ein „Das war ich immer" hinterher und lacht, laut, dunkel, froh.

Isabel Schnabel, Jahrgang 1971, ist eine der angesehensten Ökonominnen des Landes; sie hat mehr Posten, als sie an einer Hand abzählen könnte – sie ist Wirtschaftsweise im Sachverständigenrat zur Begutachtung der gesamtwirtschaftlichen Entwicklung, sitzt im Vorstand des Vereins für Socialpolitik, hat eine Professur für Finanzmarktökonomie an der Universität Bonn inne – und Aufgaben an vielen weiteren Institutionen, deren Rang ihr Arbeitsort kaum vermuten ließe.

Die Schaukästen im Flur des Seitengebäudes der Johannes-Gutenberg-Universität Mainz sehen aus, als wurden hier schon Artikel angepinnt, bevor es Faxe gab. Das Büro ist so klein, dass ein Schrank, der Schreibtisch mit akkuraten Ordnerstapeln und ein Besprechungstisch es nahezu ausfüllen. Dass es das Chefzimmer ist, machen nur zwei Dinge deutlich: der Raum – ein Eckbüro mit Fenstern zu zwei Seiten – und Schnabel selbst. Sie erzählt in ganz eigenem Ton von ihrem Werdegang. Selbstbewusst, aber nicht arrogant; klar, aber nicht platt; nüchtern,

aber nicht kühl erklärt sie, wie sie zu einer der bedeutendsten deutschen Ökonominnen wurde. Dass sie Erfolg in diesem Fach haben wollte, wusste sie, seit sie das erste Mal mit Volkswirtschaftslehre in Berührung kam. Dass ihr das gelungen ist, war aber keineswegs so selbstverständlich, wie ihr „Ja" klingt.

„Ich habe mich immer sehr für wirtschaftspolitische Fragen interessiert und habe mir gewünscht, die Welt ein kleines bisschen verändern zu können", schreibt sie 2014 im Grußwort an Schüler ihres ehemaligen Dortmunder Gymnasiums. Als

Schnabel dort in den Achtzigerjahren lernt, sind ihre Wünsche noch nicht so klar ausgeprägt. Sie findet Journalismus spannend, doch Tageszeitungsalltag widerspricht ihrer Gründlichkeit. Der Vater überzeugt sie, sich bei Banken zu bewerben. Dass sie viele Zusagen bekommt, ermutigt sie. Auf der Berufsschule hört sie erstmals von Volkswirtschaftslehre. Ein Lehrer vermittelt ihr, dass man mit der Volkswirtschaftslehre vieles erklären kann. Gesellschaft, Umwelt, Politik, kurz: die Welt. Und die Welt, nichts weniger, interessiert sie damals wie heute. Auch deshalb wählt sie ihre Uni in Mannheim nach den Austauschprogrammen – und danach, dass sie so fern der Heimat ist, dass sie nie in Versuchung kommt, Dreckwäsche heimzubringen. Stattdessen zieht es sie nach den ersten Semestern weiter weg. Sie geht nach Sankt Petersburg und Paris.

DER DURCHBRUCH KOMMT MIT EINEM VERRISS

Dass aus Begeisterung eine Karriere wird, erklärt Schnabel, wie vieles an ihrer Biografie, mit Begegnungen. Die wichtigste ist die mit Martin Hellwig. Der spätere Doktorvater rät ihr, Studien zur Krise von 1931 auszubauen. Mit der hatte sie sich für ihre Diplomarbeit befasst und festgestellt, dass die Bilanzen der meisten deutschen Banken in Archiven zugänglich sind. Sie promoviert mit einer Arbeit über Finanzkrisen und gesamtwirtschaftliche Risiken – summa cum laude. Der Durchbruch kommt zuvor, ganz unerwartet: Einer ihrer Aufsätze wird von einem renommierten Kollegen verrissen. „Das war im Nachhinein fantastisch, davon habe ich enorm profitiert", sagt Schnabel. Denn was dramatisch klingt, bringt Aufmerksamkeit, die Gelegenheit zu antworten und Kontakte zu knüpfen.

Deren Bedeutung wird Schnabel erst mit der Zeit bewusst. „Früher dachte ich: Man muss nur gute Arbeit machen, dann funktioniert das schon. Das stimmt natürlich nicht." Gerade in der Wissenschaft sind es Netzwerke, die Posten bringen. Ihr hilft nicht nur Martin Hellwig, sondern auch die Kollegin Beatrice

Weder di Mauro, von 2004 bis 2012 selbst im Sachverständigen-rat. Ein Kontakt ergibt den nächsten, von da an geht es immer schneller: Zur Doktorarbeit kommen weitere Veröffentlichun-gen, Kooperationen, Auszeichnungen.

Zudem hatte Schnabel mit dem Thema Krisen den richtigen Riecher – und Glück. Denn Langfristbetrachtungen waren lange nicht en vogue in der Volkswirtschaftslehre. Noch als sie 2007 in Mainz Professorin wird und eine Vorlesung über Krisen halten will, heißt es, das interessiere keinen. Kein Jahr später erschüt-tert die Finanzkrise die Weltwirtschaft – Vergleiche und fun-dierte Kenntnisse sind sehr gefragt.

„Wenn man als Frau einmal ein bestimmtes Niveau er-reicht, kann man sich manchmal vor Angeboten kaum retten. Es gibt ja nicht so viele Frauen auf dieser Ebene." Und so wird auch Schnabel viel angefragt, mal für kleine Dinge, einzel-ne Vorträge, und manchmal für sehr große: 2014 wird sie zur Wirtschaftsweisen berufen. Ein Amt, das sie mit noch größeren Ansprüchen versieht. Sie will eine realistische Politikberatung. Was das bedeutet? Vorschläge, die machbar sind. „Da muss man manchmal vielleicht auch Abstriche machen, das, was wir Wirtschaftswissenschaftler als ‚first best' gerne erreichen möchten, wird häufig vielleicht nicht erreicht." Dass es ohne-hin nicht anders geht, weiß sie spätestens, seit sie regelmäßig Minister und die Kanzlerin trifft. Sie sieht, dass manche Ent-scheidungen nach politischen, nicht ökonomischen Kriterien getroffen werden. „Wir werden die politische Agenda nicht um-drehen und das ist auch nicht unsere Aufgabe", sagt sie. Doch es helfe, ökonomische Aspekte einzubringen. Ihr Beispiel: die Rente mit 63. Die habe man nicht verhindert, trotz eindeuti-ger Plädoyers. „Aber nachher war schon vielen klar, dass es so nicht weitergehen kann."

Bis jetzt macht ihr die Arbeit Spaß: die Diskussionen, das Ein-mischen in Debatten. Doch das hat seinen Preis. Insgesamt zwei Monate im Jahr verbringt sie, zusätzlich zu Lehre und Forschung, in Wiesbaden, wo der Sachverständigenrat sitzt. Sie ist oft dort,

Wenn man als Frau einmal ein bestimmtes Niveau erreicht, kann man sich manchmal vor Angeboten kaum retten.

ISABEL SCHNABEL

vor allem in den Phasen vor den Gutachten gibt es viel zu besprechen mit den Kollegen. Schnabel findet drei Themen besonders wichtig: Wie können Länder ihre Altschulden bewältigen? Braucht es ein Insolvenzregime für Staaten? Und wie lässt sich die Finanzmarktarchitektur verbessern?

Ganz schön viel – zumal Schnabel auch privat große Ziele hat: freie Wochenenden. Die bekommt sie bis jetzt hin, indem sie nur ans Handy geht, wenn sie den Anrufer eingespeichert hat, und nach Terminen lieber zu Hause als im Hotel übernachtet. Seit die älteste Tochter sechs Wochen alt ist, hat sie eine Kinderfrau. Und sie führt eine Ehe mit Arbeitsteilung. Sie ist für Wäsche und Besorgungen zuständig, der Gatte für Küche und Finanzen. Er ist auch Wirtschaftswissenschaftler.

Ob es daher kommt, dass sie auch den privaten Alltag effizient gestalten? Jedenfalls haben die Eltern Schnabel ihre kleinen Kinder im Winter gelegentlich mit Strumpfhosen ins Bett gelegt – schlicht, weil es so morgens schneller ging. Schnabel lacht, als sie erzählt, dass das zwar ihre Mutter irritiert habe, aber den Kinder nicht geschadet. Es war ein kleiner Beitrag zum großen Vorhaben, möglichst genug Privatleben zu erhalten. „Der Plan funktioniert weitgehend", sagt sie. Aber nicht immer ohne Opfer. „Manchmal muss ich dafür weniger schlafen."

Lea Hampel

ZWEI LIEBLINGSBÜCHER Schon vor dem Gespräch hat Isabel Schnabel einen Zettel mit zwei Buchtiteln bereitgelegt: Darauf das Werk, das ihr ihr Doktorvater Martin Hellwig in die Hand drückte, als sie ihm erklärte, über den Zusammenhang zwischen Banken- und Währungskrisen ihre Diplomarbeit schreiben zu wollen – Charles P. Kindlebergers Klassiker „Manias, Panics and Crashes: A History of Financial Crises". Hellwigs Kommentar: Wenn sie über Krisen schreiben wolle, sollte sie das zunächst lesen. Zudem empfiehlt Schnabel die Lektüre von „Ein Mann will nach oben" – in dem Roman erzählt Hans Fallada vom Berlin der Zwischenkriegszeit.

DER DATENLIEFERANT

*Schuldenkrisen? Für europäische Ökonomen total langweilig,
hieß es lange. Dann kam Griechenland – und
Christoph Trebesch war plötzlich ein gefragter Mann.*

E s gibt keinen Ausweg mehr: Griechenland kann sich nur noch mit Notkrediten der Troika über Wasser halten. Ein großes Bankhaus kassiert mehr als zehn Prozent der Summe als Gebühr. Athen zahlt direkt wieder alte Schulden zurück, viel fließt auch ins Militär und in die Rüstungsindustrie. Nur bei den Griechen kommt kaum etwas an. Stattdessen erhöht die Regierung die Steuern auf Rekordwerte und kürzt die staatlichen Leistungen drastisch, die Troika will es so. Das Volk rebelliert.

Zu Beginn des 19. Jahrhunderts war das, in Athen herrscht nicht Alexis Tsipras, sondern König Otto. Die Troika besteht damals aus Frankreich, Großbritannien und Russland. Die Länder vergeben 1830 das erste Kreditprogramm der öffentlichen Hand an den noch sehr jungen Staat Griechenland, weil sonst niemand mehr Athen Geld leihen will. Jahrzehntelang steckt der Staat in der Pleite, erst 1879 vertrauen private Kreditgeber dem Land wieder.

Ach, Griechenland. 1893 ist Athen schon wieder pleite. Wieder gibt es ein Kreditprogramm von europäischen Ländern, wieder muss sich die griechische Regierung einem Spardiktat unterwerfen. 1932 ist der Staat erneut insolvent, bekommt wieder ein Kreditpaket mit strengen Auflagen. Und dann: 2010, die europäische Banken- wird zu einer Staatsschuldenkrise. Wie es weitergeht, ist bekannt.

Die historischen Parallelen hat Christoph Trebesch, Jahrgang 1979, zusammengetragen, Juniorprofessur für Öffentliche Finanzen an der Ludwig-Maximilians-Universität in München. Die geschichtlichen Details stehen in einem Konferenzpapier für das amerikanische Brookings-Institut. Geschrieben hat es Trebesch mit der bekannten US-Ökonomin Carmen Reinhart. Die beiden glauben, dass die Gesellschaft etwas aus der Vergangenheit lernen kann: Griechenland war bisher zu stark abhängig von ausländischen Geldquellen, viel mehr als große Industrieländer. Deswegen musste sich das Land wieder und wieder Spardiktaten von außen unterwerfen. Stattdessen mehr Geld im eigenen Land zu leihen, sei zwar kein „Allheilmittel für ökonomische Stabilität", schreiben die Ökonomen. „Aber wir haben

Beweise aus 200 Jahren, um die Sicht zu unterstützen, dass die chronische Abhängigkeit von ausländischem Kapital wiederholt zum Ruin geführt hat." Ein Satz, der die ganze Misere der jetzigen Griechenland-Politik zusammenfasst, weil sie Fehler aus den bisherigen Schuldenkrisen wiederholt: Private Kreditgeber verzocken sich, ausländische Staaten und Steuerzahler springen für sie ein, das Ganze geht für die beteiligten Regierungen eher schlecht aus. Es ist ein typischer Reinhart-Satz.

Die US-Ökonomin und Trebesch haben eine Gemeinsamkeit: Sie gehen gerne auf die Suche, in Archiven, in Bibliothekskellern. In alten Büchern finden sie Daten, die helfen, Krisen besser zu verstehen. Trebesch hat beispielsweise entdeckt, dass vom Kreditprogramm 1830 kaum etwas in Griechenland blieb und wohin das Geld stattdessen floss, etwa an die Bank Rothschild. „Christoph ist ein Detektiv", sagt Reinhart über ihren Co-Autor. Er hinterfrage alles, gehe den Dingen auf den Grund – und zwar außergewöhnlich tief.

Das hat er auch in der Arbeit getan, die ihn bekannt gemacht hat. „The Price of Haircuts", das klingt auf Deutsch ein wenig kurios: „Der Preis von Haarschnitten". Die Finanzfachwelt greift im Englischen zu einer Friseurmetapher, um zu beziffern, wie hoch der Abschlag auf Zinsen und Rückzahlungen ist, den ein Gläubiger hinnimmt, wenn der Schuldner nicht mehr zahlen kann oder will. Trebesch stellte sich die Frage, warum manche Staaten aus Schuldenkrisen ganz okay herauskommen, wohingegen andere in einem Teufelskreis hängen bleiben. Die Idee: eine Datenbank zusammenzustellen, die möglichst viele Fälle umfasst – um dann zu schauen, ob sich darin wiederkehrende Muster entdecken lassen.

Das war 2006, Christoph Trebesch begann mit seiner Doktorarbeit. Er fand einen Kollegen in Argentinien, Juan Cruces, und verbündete sich mit ihm. Via Skype arbeiteten sie kontinentübergreifend zusammen, sammelten Daten über 180 Krisen in 68 Ländern und werteten sie aus. Es entstand ein globaler, historischer Schuldenatlas. Dann waren vier Jahre vorbei.

Die Arbeit hat sich gelohnt. Trebesch und Juan Cruces fanden ein interessantes Muster: Wenn es gut läuft, einigen sich Schuldenstaaten und Gläubiger ziemlich zügig. Der Haircut fällt dann nicht so groß aus, vielleicht 30 oder 20 Prozent oder noch weniger. Der betroffene Staat kann schnell neu anfangen, die Wirtschaft wieder wachsen, die Menschen leiden weniger. So lief es etwa 2003 in Uruguay. Wenn es schlecht läuft, ziehen sich die Verhandlungen zwischen Regierung und Kreditgebern ewig hin. Meist müssen die Kreditgeber am Ende trotzdem viel abschreiben, mehr als 50 oder auch mal 80 Prozent. Und die Dauerkrise zieht die Wirtschaft des Lands in den Abgrund.

Oder, in einem Wort: Griechenland.

Trebesch hat in Berlin studiert, erst Betriebswirtschaftslehre (BWL) an der TU, dann Volkswirtschaftslehre (VWL) an der FU. Wenn er die Stadt besucht, bestellt er schon mal zwei Buletten, wie früher. Das Diplomatenkind wurde in Brüssel geboren, wuchs in Rom und Bonn auf. Nach dem Abitur interessierte ihn Entwicklungshilfe, Ende der 90er-Jahre machte er seinen Zivildienst bei einem Verein, der Hilfe für den Balkan organisierte. Im BWL-Grundstudium fand er VWL schon interessanter. Denn die Ökonomik stelle die großen Fragen, sagt er: Warum sind manche Länder arm – und andere reich? „Volkswirtschaftslehre ist ein Instrument, um die Gesellschaft zu verbessern", ist Trebesch überzeugt. Die Wissenschaftler sind für ihn Dienstleister, die Daten und die Ableitungen präsentieren, „in Zahlen gegossene Wirklichkeit".

ENTWICKLUNGSÖKONOMIE? MACH' LIEBER WAS VERNÜNFTIGES, RIETEN DIE KOLLEGEN

Kurz vor der Finanzkrise steckt Trebesch mitten in seiner Doktorarbeit und wird als Entwicklungsökonom wahrgenommen, weil er sich mit Krisen in Argentinien oder Russland beschäftigt. Es ist kein übermäßig beliebtes Genre, es gibt nur wenige Vorlesungen dazu an deutschen Universitäten. Manch älterer

Kollege riet angehenden Entwicklungsökonomen: Macht lieber was Vernünftiges, was auch gefragt ist, Geldpolitik oder Arbeitsmarktforschung. Doch dann kam die Schuldenkrise – und plötzlich interessierten sich alle für die Arbeiten von Trebesch.

MITUNTER RECHNET SICH SOGAR MILDTÄTIGKEIT

Nun ist er „Mr. Haircut", der Experte für Schuldenschnitte. Die *New York Times* zitiert seine Forschung. Die *Financial Times* ruft an, wenn sie Daten für eine Grafik braucht. Das US-Finanzministerium lädt ihn in eine Expertenrunde. Trebesch ist einer dieser modernen Ökonomen, die durch und durch in Daten denken – empirisch arbeiten, wie es in der Fachwelt heißt. Natürlich weiß er, dass Zahlen nicht alles erklären. „Ohne Theorie lassen sich empirische Ergebnisse nur schwer interpretieren." Deshalb arbeitet er auch zunehmend mit Theoretikern zusammen. Denn die Daten erklären nicht, warum manche Staaten es schaffen, schnell einen Schuldenschnitt auszuhandeln, während andere scheitern. Haben sie ein besseres politisches System? Sind die Gläubiger mal so, mal so eingestellt – und warum?

Und dann ist da noch diese offene Frage, die Trebesch verfolgt. Sie könnte die Diskussion über Schuldenkrisen wieder prägen. Wie hoch ist die gesamte Rendite für Investoren, wenn man nicht nur die Schuldenschnitte anschaut, sondern auch die Gewinne vor der Krise? Die bisherigen Daten zeigen: Private Gläubiger kommen auch in Fällen gut weg, in denen es auf den ersten Blick anders aussieht. In Fällen, in denen sie jammern und nur unter großen Schmerzen auf Geld verzichten, um einem verschuldeten Land zu helfen. Doch mitunter ist das keine Mildtätigkeit, sondern es rechnet sich. So war es beim ersten Griechenland-Paket 1830. Die privaten Kreditgeber, die Athen erst nicht bedienen konnte, mussten zwar viele Jahre warten. Aber dann bekamen sie ihr Geld – und eine ordentliche Rendite von bis zu fünf Prozent.   *Bastian Brinkmann*

ZWEI LIEBLINGSBÜCHER Gefragt nach zwei Büchern, die ihm wichtig sind, nennt Trebesch „Manias, Panics and Crashes" von Charles P. Kindleberger. Das Buch zeige: „Finanzkrisen gab es schon immer und wird es auch immer wieder geben." Es sei ein guter Einstieg in ein zentrales Thema der Gesellschaft. Als zweites Buch wählt Trebesch „Jeder stirbt für sich allein" von Hans Fallada. Der Roman spielt in der Nazi-Zeit, ist „unglaublich berührend und bedrückend". Er zeige aber auch, wie viel Respekt man vor Zivilcourage haben sollte.

Volkswirtschaftslehre ist ein Instrument, um die Gesellschaft zu verbessern.

CHRISTOPH TREBESCH

EIN MANN DER ZWISCHENTÖNE

Roman Inderst ist ein typisches Beispiel der neuen deutschen Ökonomen-Generation: Er will Lösungen statt Ideologien. Er möchte verstehen, was Banker und Kartelle antreibt. Und scheut dabei einfache Antworten.

Letztlich war es die Liebe, die ihn davor bewahrt hat, auf die schiefe Bahn zu geraten. Einer Frau wegen zog Roman Inderst Mitte der Neunzigerjahre zum VWL-Studium an die Humboldt-Universität nach Berlin; vorbei war seine junge, vielversprechende Laufbahn als Investmentbanker.

An Feuereifer hätte es ihm nicht gefehlt. Sechs Monate Praktikum bei der Citibank in London hatten seine Leidenschaft für die Kapitalmärkte entfacht. „Da war ich gleich in dieser Händler-Kultur drin, das war die Zeit, als die Banker schon mittags im Pub getrunken haben und ständig auf der Jagd waren, das war spannend", erzählt Inderst.

Doch statt im Handelsraum – oder gar auf der Anklagebank, wie inzwischen manch ein Ex-Investmentbanker – sitzt Inderst heute, 20 Jahre später, in seinem kleinen Arbeitszimmer an der Frankfurter Goethe-Universität. Dort ist er Professor für Finanzen und Ökonomie. Inderst trägt Jeans und T-Shirt statt eines dunklen Anzugs; er kommt meist ohne die Einheitskluft der Banker aus. Seine Arbeiten zum Verbraucherschutz in der Finanzberatung werden aufmerksam gelesen. Bundeswirtschaftsminister Sigmar Gabriel (SPD) hat ihn sogar in den Wissenschaftlichen Beirat seiner Behörde berufen. Zahlreiche wichtige Preise hat er gewonnen, zuletzt ist er mit dem Preis der Berlin-Brandenburgischen Akademie der Wissenschaften ausgezeichnet worden.

Auch ohne permanent durch Talkshows zu tingeln und Rat-schläge zu geben, ist Inderst zu einem der einflussreichs-ten Volkswirte des Landes aufgestiegen. Eine steile Karriere, die nicht vorgezeichnet ist, als Inderst im April 1970 im bay-erischen Rohrbach bei Ingolstadt zur Welt kommt. Inderst wächst in einfachen Verhältnissen auf, er und sein Bruder sind die Ersten aus der Familie, die überhaupt aufs Gymna-sium gehen.

Nach dem Einser-Abitur zieht es ihn an die Fachhochschule Reutlingen, wo er sich für Betriebswirtschaftslehre einschreibt. Sein Professor im Fach Marketing, den Inderst ebenso klug wie beeindruckend findet, fördert den Studenten, wo er kann, und inspiriert ihn, gleichzeitig an der Fernuniversität Hagen noch ein Studium in Psychologie und Soziologie aufzunehmen.

Inderst fasziniert die Praxis, aber in erster Linie ist er Vollblutwissenschaftler. Für die Humboldt-Universität in Berlin aber reicht das damals nicht aus – noch nicht. Zurück von dem Abstecher nach London will er an die Hochschule, bekommt aber – weil er nur ein FH-Studium vorweisen kann – nicht einmal einen Hiwi-Job, wie die akademischen Hilfstätigkeiten genannt werden.

VERBRAUCHERSCHUTZ? WENIG GLAMOURÖS, ABER WICHTIG

Erst nach längerem Suchen findet er einen Professor ohne Standesdünkel, für den die Leistung mehr zählt als die Form. Um seinen Lebensunterhalt zu finanzieren, arbeitet Inderst nebenher bei einer Unternehmensberatung, promoviert in Berlin und habilitiert später in Mannheim. Inzwischen hat er sich einen Namen gemacht, hat bereits zahlreiche Aufsätze verfasst, zum Beispiel über die Effizienz von Märkten mit asymmetrischen Informationen oder zur Verhandlungstheorie, wird Assistenzprofessor, forscht und lehrt mehrere Jahre in London am University College London und an der renommierten London School of Economics. Dann zieht es ihn an die Insead in Paris, eine der weltweit wichtigsten Karriere-Universitäten. Erst im Jahr 2006 kehrt er zurück nach Deutschland. An der Universität Frankfurt bauen die Volkswirte zu jener Zeit ein Forschungszentrum auf, da will er dabei sein.

Eines der vielen Themen, mit denen sich Inderst frühzeitig beschäftigt, ist der Verbraucherschutz, im Finanzbereich bis dato aber eher ein unglamouröses Gebiet. Doch dann kommt die

Finanzkrise und mit ihr die Lehman-Oma, die für all jene Privatanleger steht, die bereits früh und unmittelbar von der Krise betroffen sind. Auf einmal stellt sich die Frage, was gute Finanzberatung ausmacht, und auf einmal sind Indersts Arbeiten zum Thema höchst gefragt. Es geht darum herauszufinden, welchen Fehlanreizen die Berater in den Banken unterliegen könnten und welche Beratung Verbraucher überhaupt brauchen.

Wer von Inderst einfache Antworten auf diese Fragen oder gar plattes Banken-Bashing erwartet, der wird enttäuscht. Der Ökonom will nur, wenn es nötig ist, staatliches Eingreifen empfehlen. Bevor ein Markt reguliert wird, muss man ihn gründlich anschauen und verstehen, ist er überzeugt. „Es ist zwingend erforderlich, genau beim Namen zu nennen, wo und wie der jeweilige Markt versagt hat", sagt er.

Inderst brennt für seine Themen, er redet gerne darüber, und seine Hände und die schlanken Arme reden mit. In der Finanzberatung zum Beispiel hat er sich gegen ein Verbot von Provisionen für den Verkauf von Bankprodukten ausgesprochen; Berater erhalten die Vermittlungsgebühr in der Regel, wenn sie dem Kunden einen Aktienfonds oder Bausparvertrag verkaufen. Der Forscher ist auch gegen eine Deckelung der Dispo-Zinsen, weil die Banken die Gebühren dann an anderer Stelle erheben würden.

„Bevor man schnell schießt in der Bankenregulierung, sollte man immer prüfen, was kostet es, was bringt es und welche Folgen hat es für den Verbraucher." Seine Daten zeigen zum Beispiel, dass mehr als drei Viertel der Privathaushalte, die überhaupt Wertpapiere besitzen, unter 50 000 Euro im Depot haben. Die würden sich dafür kaum eine Honorarberatung zu einem Stundensatz von 150 Euro leisten, wenn die Provisionsberatung verboten würde, sagt er. Die Mehrheit der privaten Anleger würde dann gar nicht mehr beraten werden, und für die Banken wäre das persönliche Beratungsgeschäft in der Fläche vollends verlustbringend, wenn Provisionen als Hauptertragsquelle wegfielen.

Um die Bankberatung gleichwohl zu verbessern, fordert Inderst volle Transparenz der Beratungsergebnisse. Kunden sollten den Depot-Informationen einfach und verständlich entnehmen können, mit welchem Risiko sie welche Rendite erzielt haben. Dann müsste sich das beste Beratungsmodell am Markt durchsetzen, hofft Inderst. „Die Bankkunden könnten dann auch den tatsächlichen Nutzen aus Beratung besser vergleichen. Das würde den Wettbewerb, der immer noch der beste Freund des Verbrauchers ist, fördern", sagt der Professor.

Sein zweites Forschungsgebiet sind Kartelle, nicht nur im Bankenmarkt, sondern in der gesamten Industrie. Gerade ist sein Standardwerk erschienen, „Schadensersatz bei Kartellverstößen", das er gemeinsam mit dem Kartellrechtler Stephan Thomas geschrieben hat, und das vor allem Juristen aufzeigen soll, mit welchen Methoden man solche Schäden berechnen kann. Viele Kartelle hat er sich dazu in den vergangenen Jahren angeschaut, Zucker, Aufzüge, Einzelhandel. Und er hat auch untersucht, wie sich die Einkaufsmacht der großen Discounter auswirkt.

Über Kartelle spricht Inderst gerne, auch über Bankberatung, schließlich hat er sich damit ausführlich beschäftigt. Bei allen anderen Themen hält er sich, zumindest in der öffentlichen Debatte, zurück. Die Rolle, die in Deutschland Professoren oft zugeschrieben wird, nämlich zu allem und nichts ständig etwas Schlaues zu sagen, behagt ihm nicht. „Was soll ich mich zu Griechenland äußern? Auch wenn ich die Zeitung lese, oder wenn ich etwa selbst Anleihen hätte, kenne ich mich dann aus?", fragt Inderst.

Auch der Personenkult, der in der Ökonomie zuweilen betrieben wird, widerstrebt ihm. „Wir sind keine Naturwissenschaftler, wir finden keine Formel oder Teilchen, vieles von dem, was wir machen, ist sogar nicht einmal neu." Wäre er wirklich Banker geworden, hätte er sich dieses Maß an Bescheidenheit wohl noch abtrainieren müssen. *Meike Schreiber*

ZWEI LIEBLINGSBÜCHER So ganz wohl ist Inderst nicht dabei, dass er auch noch seine Lieblingsbücher angeben soll. Dann verrät er aber doch, dass ihn während seines Studiums vor allem zwei Werke beeinflusst haben: „The Social System" von Talcott Parsons und „Die gesellschaftliche Konstruktion der Wirklichkeit" von Peter L. Berger und Thomas Luckmann. Parsons habe ihn angeregt, nach Betriebs-wirtschaftslehre auch noch Volkswirtschaftslehre zu studieren. Und Luckmann und Berger hätten ganz grundsätzlich seinen Blick auf die Welt geprägt.

Bevor man schnell schießt in der Bankenregulierung, sollte man immer prüfen, was kostet es, was bringt es und welche Folgen hat es für den Verbraucher.

ROMAN INDERST

EUROPÄER
MIT LEIDENSCHAFT

Schon mit 17 Jahren war Henrik Enderlein
tief beeindruckt von der Idee einer gemeinsamen Währung.
Bis heute treibt ihn die Frage um, wie sich das ehrgeizige
Projekt vorantreiben lässt.

Maastricht. Es ist ein kalter Wintertag im Februar 1992, an dem Henrik Enderlein in der französischen Zeitung *Le Monde* der Name der niederländischen Metropole ins Auge fällt. Mit einem Wörterbuch versucht der 17-jährige deutsche Austauschschüler in Paris den Text zu verstehen. Er ist fasziniert von der Idee. „Da stand: Es soll eine gemeinsame Währung in Europa geben. Ich war unglaublich beeindruckt."

Ein knappes Vierteljahrhundert später ist Enderlein nach Stationen in Paris, New York, am Max-Planck-Institut für Gesellschaftsforschung in Köln, bei der Europäischen Zentralbank in Frankfurt und an der Freien Universität Berlin in seinem aktuellen Job angekommen: Er lehrt als Professor für Politische Ökonomie an der Hertie School of Governance. Das Französische begleitet ihn auch in der deutschen Capitale. Weil er eine französische Literaturübersetzerin geheiratet hat, mit der er im Süden der Stadt, nahe der Krummen Lanke, drei Kinder großzieht; das vierte ist unterwegs. Und auch, weil er parallel zu seiner Professur eine deutsch-französische Denkfabrik über Europa leitet – das auf Initiative des langjährigen Präsidenten der Europäischen Kommission gegründete und gleichnamige Jacques-Delors-Institut.

Enderlein, mittelgroß, agil, stets elegant gekleidet, hat sich angewandter Wirtschaftspolitik gewidmet, internationalen Wirtschafts- und Finanzbeziehungen – und der europäischen Währungsunion. Seine Grundüberzeugung beschreibt das SPD-Mitglied als „sozialliberal". Gelegentlich nimmt ihn Parteichef Sigmar Gabriel mit nach Paris, wo er dank der parteifamiliären Verbindung zur sozialistischen Regierung an deutsch-französischen Konzepten für mehr Wachstum oder zur Stärkung der Währungsunion mitschreibt. Staatspräsident François Hollande hat er persönlich getroffen, Bundeskanzlerin Angela Merkel, das räumt er mit sichtbarem Bedauern ein, hat ihn noch nicht eingeladen.

IN PARIS MUSSTE ICH MIR ERST EINMAL ROLLERBLADES KAUFEN

Aber was begeistert ihn an der Europäischen Union, die viele Bürger schon gefühlsmäßig abstößt? „Europa ist das spannendste politische Projekt des 20. und 21. Jahrhunderts", sagt er. „Dass Nationalstaaten sich zusammenschließen, um gemeinsam Probleme zu lösen, das ist eine ökonomische und politische Aufgabe gleichermaßen und in der Währungsunion treffen sich diese beiden Dimensionen." Außerdem: Er sei als Europäer groß geworden, Generation Erasmus. „In der 11. Klasse war ich in Paris. Dann kam die Frage, was ich studiere. In Deutschland hätte ich wohl Jura studiert, aber in Frankreich gab es diesen interdisziplinären Studiengang am Institut d'études politiques, ich habe mich beworben – und war einer von drei Ausländern, damals 1995 war das eine kleine Sensation." Sein Studienbeginn fällt in die Zeit, in der der damalige Premierminister Alain Juppé Reformen ankündigt, auf die Gewerkschaften mit einem dreiwöchigen Streik reagieren. „Ich kam in Paris an und musste mir erst einmal Rollerblades kaufen, um von meiner Wohnung zur Uni zu kommen."

In Berlin ist das Jacques-Delors-Institut unter angemessener Adresse zu finden: Pariser Platz 6, direkt daneben steht die Bot-

schaft der Republik Frankreich, schräg gegenüber das Branden-
burger Tor. Deutsch-französischer geht's nicht, jedenfalls nicht
beim Blick aus dem Fenster. Die Inneneinrichtung ist karg, ein
schmaler Raum mit aufgeräumtem Schreibtisch, einem Besprechungstisch, einem Regal, dessen weiße Flächen noch viel Platz
für Bücher bieten.

ES GIBT KEINEN IDEALEN EURO

Enderlein zeigt erstaunliches Talent, wirtschaftspolitische
Grundsätze anhand der charmanten Vorurteile zu erklären,
die der Nicht-Schwabe gegenüber dem Schwaben gemeinhin
hegt. Bundesfinanzminister Wolfgang Schäuble werde ja oft als
Sparmeister mit einer schwäbischen Hausfrau verglichen. Was
in die Irre führe, lächelt er. „Schauen sie sich Schulen, Straßen, Energienetz und Breitbandausbau an. Entspricht das etwa
dem Bild einer führenden Industrienation? – Eine schwäbische
Hausfrau würde das Haus niemals aus Spargründen verfallen
lassen, sondern ständig investieren und erneuern. Schwäbische Familien halten ihr Haus tadellos in Schuss und überge-
ben es picobello an die nachfolgende Generation." Enderlein
spricht mit der Überzeugungskraft eines Eingeborenen: Er
stammt aus Tübingen, Jahrgang 1974.

Ganz beiläufig poliert er den sozialdemokratischen Sachverstand auf. In Deutschland werde nicht nur zu wenig investiert,
sondern auch zu wenig reformiert. „Deutschland hat seit den
Hartz-IV-Reformen von SPD-Kanzler Schröder keine wirkliche
strukturelle Reform mehr durchgezogen. Das Land steht langfristig vor der größten Herausforderung – vor allem wegen der
demografischen Entwicklung." Auch die letzte echte fiskalische
Maßnahme habe unter SPD-Regie stattgefunden, nämlich unter
der von Finanzminister Peer Steinbrück, „der hat Abgaben auf
Arbeit senken lassen und das mit höherer Mehrwertsteuer ausgeglichen – eine klassische fiskalische Abwertung, die Deutschland damals dringend brauchte."

Zurück nach Maastricht, zur Währungsunion, die in der Krise steckt. Wie sähe das Konstrukt idealerweise aus? „Es gibt keinen idealen Euro." Der Euro sei ein logischer Schritt in einer schlichten Kausalkette: „Wir haben gesagt in Europa, wir wollen Frieden. Dafür brauchen wir Handel. Für Handel brauchen wir einen Binnenmarkt. In dem Binnenmarkt müssen wir dafür sorgen, dass es keine unangemessenen Wettbewerbsvorteile für einzelne Länder gibt. Deshalb schaffen wir eine Wettbewerbsbehörde. Aber jedes Land kann sich ja durch die Abwertung der Währung immer wieder einen zwanzigprozentigen Preisvorteil schaffen. Also, nächster logischer Schritt, wir machen die Währungsunion. Den Euro. Jetzt stellen wir fest, die Währungsunion funktioniert nicht so richtig. Es ist der letzte Schritt in dieser funktionalistischen Reihe, der uns am meisten Probleme bereitet."

DIE DEBATTEN IN DEUTSCHLAND SIND IDEOLOGISIERT

Zweiter Teil der privaten Vorlesung: Was muss getan werden? „Die Währungsunion braucht nicht den europäischen Superstaat. Sie braucht einen vertieften Binnenmarkt. Jetzt haben wir 28 nationale Ökonomien, die viel zu wenig miteinander handeln." Nur zwanzig Prozent der Dienstleistungen seien europäisch handelbar. Das führe dazu, dass sich Preissignale nicht ausreichend übertragen.

Und das ist alles? „Nein. Ohne Souveränität und Risiko zu teilen, kann die Währungsunion nicht funktionieren." Frankreich müsse mehr Souveränität aufgeben, Deutschland mehr ins Risiko gehen. Man habe in einer Währungsunion keine echte nationale Wirtschaftspolitik mehr und keine echte Haushaltsautonomie. Man müsse sich unterordnen, und das sei etwas, was die allermeisten Länder nicht akzeptieren wollten.

Aber ist Deutschland nicht schon ins Risiko gegangen, das No-Bail-Out-Verbot ist aufgeweicht, die Gemeinschaftshaftung über die Europäische Zentralbank eingeführt? „Meine große

Sorge ist, dass diese Schnellschüsse bei der Risikoteilung politisch nicht begleitet sind. Deshalb haben wir heute die Schlechteste aller Welten, eine faktische Haftungsgemeinschaft, die politisch nicht untermauert und demokratisch nicht legitimiert ist." Was jetzt zu tun ist? „Kommissionschef Jean-Claude Juncker muss es schaffen, die Währungsunion weiterzutreiben, in der Flüchtlingsfrage Klartext zu reden und er muss die Frage beantworten, ob die Europäische Union aus 28 oder aus 19 Staaten besteht. Immer alles für alle zu machen, entspricht nicht mehr der politischen Realität."

Enderlein verbringt viel Zeit mit der Krise des Euro und seinen Therapie-Vorschlägen. Kommt er trotzdem dazu, abzuschalten? Sicher. Er trainiere für den Marathon, werde erstmals in diesem Jahr mitlaufen. Und, ja, er lese gern und viel, „französisch, englisch oder deutsch". Wolfgang Herrndorf zum Beispiel, über dessen Texte zu Hause auch mal gestritten wurde. „Meine Frau hat ihn ins Französische übersetzt", sagt Enderlein. Und dann natürlich den großen Franzosen Albert Camus.

Enderlein setzt an zur Vorlesung, Teil drei: Was treibt die Entwicklung voran? „Sehen Sie, ein Triple-A bewertetes Papier hat in den Modellen ein Ausfallrisiko von einmal in 1267 Jahren. Bis zur großen Finanzmarktkrise!" Das zeige, wie absurd statistische Wahrscheinlichkeitsmodelle sind. Der Ökonom Nassim Nicholas Taleb hat dafür den Begriff „Schwarzer Schwan" geprägt. Die Ökonomie sei schlecht darin, Dinge zu erkennen, die im normalen Umfeld noch funktionieren, aber jede Menge Ärger machen, sobald es eine kleine Veränderung gibt.

Die Debatten-Kultur im deutschen Wissenschaftsbetrieb beschreibt Enderlein als ideologisiert. „Wir erleben in Deutschland immer mehr Ökonomen, die sich hinter dem Kostüm des Ökonomen als Politiker betätigen", sagt er. „Ich erwarte von einem Ökonomen, dass er Zusammenhänge von Ursache und Wirkung beschreibt, aber nicht bewertet." Er darf also erklären, was passiert, wenn Griechenland aus dem Euro geht. Aber er darf nicht sagen, ob Griechenland gehen sollte. Also ein Sprechverbot für

Ökonomen? Nein, keineswegs. „Ich finde es nicht falsch, sich als Ökonom politisch zu äußern, aber man muss es mit politischer Überzeugung tun und nicht mit richtig oder falsch." Hans-Werner Sinn beispielsweise argumentiere mit Grundüberzeugungen, die politisch getrieben seien. „Er ist nicht neutral, aber er wäre ein großartiger Politiker."   *Cerstin Gammelin*

ZWEI LIEBLINGSBÜCHER Unter den neueren Büchern hat Henrik Enderlein den Roman „Freedom" von Jonathan Franzen besonders gern gelesen, es sei ein außergewöhnliches Buch. „Franzen polarisiert und hat einen großartigen Blick auf die USA."

Hervorragend fand er auch „Der Schwarze Schwan" von Nassim Nicholas Taleb. „Eine große Lektion für Wissenschaftler, die zeigt, dass alles, was mit Normalverteilung zu tun hat, historisch gesehen Mumpitz ist." Taleb zeige, dass es immer unvorhergesehene Brüche sind, die gesellschaftliche Veränderungen in der Welt vorantreiben.

**Wolfgang Schäuble wird ja oft als Sparmeister
mit einer schwäbischen Hausfrau verglichen.
Was in die Irre führt. – Eine schwäbische Hausfrau
würde das Haus niemals aus Spargründen verfallen lassen,
sondern ständig investieren und erneuern.**

HENRIK ENDERLEIN

CRASH-SUCHE IM DATENBERG DER GESCHICHTE

*Börsenkurse, Unternehmensgewinne, Ankündigungen
von Notenbankern – nix da: Der Wirtschaftshistoriker Moritz
Schularick sucht in alten Dokumenten nach einem Frühwarnsystem für die nächste große Bankenkrise.*

E s gibt viele Menschen, die gern wissen würden, wann
der nächste Finanzcrash kommt. Zu ihnen gehört Moritz
Schularick. Nur sucht der Bonner Wirtschaftsprofessor
nach den Warnsignalen nicht im Börsenticker, so wie es manche Analysten, Hobbyaktionäre und andere Ökonomen tun. Er
versucht nicht zu deuten, was die neuesten Verlustwarnungen
von Konzernen bedeuten oder die verschwurbelten Zaubersät-
ze von Notenbankern. Stattdessen sucht Schularick nach Daten
im Zeitverlauf der Wirtschaftsgeschichte. Lässt sich alte Wäl-
zer bringen und studiert lange Zahlenkolonnen in statistischen
Jahrbüchern von anno dazumal.

Das klingt ein bisschen verschroben, doch der Eindruck
täuscht. Der Forscher, Jahrgang 1970, gehört zu jener Spezies
von Ökonomen, die in die Geschichte eintauchen, historische
Parallelen analysieren und lange Trends erkennen wollen – um
daraus jene Schlüsse für die heutige Welt zu ziehen, die sich aus
den etablierten Modellen nicht ziehen lassen. So sehen sie vielleicht einmal den nächsten Crash als erste kommen.

Lange galten Wirtschaftshistoriker als Exoten, die Geschichte zur Dokumentation betreiben. Das hat sich mit der großen
Finanzkrise 2008 geändert. Seitdem gibt es Dutzende Forscher,

die zu verstehen versuchen, wie es zu dieser neuen Jahrhundert-krise kommen konnte, und was man aus ähnlichen Desastern von früher lernen kann. Eine Krise, die nach gängiger Lehre gar nicht hätte passieren dürfen.

Wo sonst als in Schularicks Heimatstadt Berlin ließen sich Orte finden, an denen frühere Finanzkrisen passiert sind. Treff-punkt im Hotel de Rome, dem ehrwürdigen Bau in Mitte, wo 1931 die Dresdner Bank ihren Sitz hatte, die damals im Sog des Crashs kollabierte. Jene Bank, die, mittlerweile in Frankfurt, den neuen Crash 2008 nicht überlebt hat und in der Commerzbank aufge-gangen ist. Das ist nicht unbedingt ein Beleg, aus der Geschichte gelernt zu haben.

Dass es überhaupt noch mal zu einem derartigen Ereignis kommen würde, hielten auch die meisten Ökonomen für ziem-lich unmöglich, sagt Schularick. Hier sehen Geschichtsfans wie er das Grundproblem. Lange Zeit sei Ökonomie als Wissenschaft verstanden worden, deren Gesetze zeitlos und universal gelten – „ob in Burkina Faso oder den USA". Und die sich daher aus der laufenden Beobachtung üblicher Zusammenhänge erklären lässt. Wie reagieren Investoren, wenn der Zins steigt oder fällt? Wie stark muss man abwerten, um mehr zu exportieren?

EIN FRÜHWARNSYSTEM SOLL AUFSEHER ALARMIEREN

Das Problem, sagt Schularick: Große Krisen bauen sich oft über viel längere Zeit auf. Und sie kommen nicht so oft vor, dass sie in den üblichen Modellen und statistischen Regelmäßigkei-ten erkennbar werden. Der US-Ökonom Robert Lucas habe ein paar Jahre vor der Krise die vorangegangenen 30 Jahre analy-siert – und daraus abgeleitet, dass es keine große Depression mehr geben würde. Klar, weil es in den drei Jahrzehnten auch keine gab. Der Crash folgte erst kurz darauf.

Als die Krise im Jahr 2008 ihren Lauf nahm, begann Schul-arick, damals Dozent an der Freien Universität Berlin, Daten zu sammeln, Jahrbücher und alte Bankbilanzen auszuwerten.

Zusammen mit seinem US-Kollegen Alan Taylor stellte er für 15 Länder zusammen, wie sich Bankkredite, Aktien und andere Finanzdaten seit etwa 1880 entwickelt hatten – so gut wie alles, was an solchen Daten weltweit zu finden war. Fleißarbeit. Und plötzlich schien klar zu sein, was manche bis dato nur ahnten: Dass den großen Crashs fast immer ein atemberaubender Anstieg der Kredite von Banken vorausgeht – nicht höhere Staatsschulden, wie es oft vermutet wird. Und dass das Problem im System steckt. Nach klassischer Lehre hätten die Banken bei zunehmender Expansion vorsichtiger werden müssen. Das Gegenteil passierte: Je mehr die Kredite boomten, desto sorgloser wurden die Banker. Bis die Blase platzte.

Mit der mittlerweile preisgekrönten Studie („Credit Booms Gone Bust") sorgten Schularick und Taylor für Aufsehen. Die Diagnose, wonach die Banken selbst das Kreditproblem schaffen, passte nicht in die gängigen Glaubenssätze, wonach der Markt es in solchen Fällen schon richtet. Auf internationalen Konferenzen kommt es seitdem vor, dass Nobelpreisträger wie Joseph Stiglitz nach Schularick fragen, wenn der junge deutsche Professor, mittlerweile mit Lehrstuhl an der Universität Bonn, ein neues Paper veröffentlicht hat.

In Deutschland werde oft noch zu dogmatisch diskutiert, findet Schularick. In den USA ist er als Datenpragmatiker mit historischem Blick mittlerweile in prominenter Gesellschaft. Historiker wie Barry Eichengreen sind gefragt. Die US-Notenbank wurde in den Krisenjahren vom Wirtschaftshistoriker Ben Bernanke geführt, der die Krise der 1930er-Jahre erforscht hat. Für Aufmerksamkeit sorgte auch Kenneth Rogoff, vormals Chefökonom des Internationalen Währungsfonds, mit seiner Auswertung von Staatsschulden über 150 Jahre. Oder der französische Starökonom Thomas Piketty, der akribisch die Entwicklung der Ungleichheit seit dem 19. Jahrhundert sezierte.

Bleibt die Frage, was sich aus alledem für die Praxis ableiten lässt. Zu den Erkenntnissen zähle, so Schularick, dass Notenbanken nach dem Platzen einer Finanzblase viel Geld zur Verfügung

stellen müssten, um eine Depression zu verhindern. Die Auswertung von Nachkrisenzeiten habe gezeigt, wie lange ein Crash
nachwirkt, wenn alle Schuldner plötzlich zugleich versuchen,
ihre Schulden abzubauen, statt Geld auszugeben. Schularicks
Devise: Historische Ausnahmesituationen erfordern Ausnah-
memaßnahmen, die nicht im gängigen Lehrbuch stehen. Zu den
Einsichten aus der Vergangenheit zählt auch, dass es fatal ist, in
so einer Krise Ursachen (Kreditboom) und Symptom (anschlie-
ßende Staatsschulden) zu verwechseln. Wer nur den Staatshaushalt zu sanieren versucht, geht nicht an die Ursache.

Im vergangenen Jahr hat der junge Forscher viel Zeit damit
verbracht, die Immobilienpreise seit Ende des 19. Jahrhunderts
auszuwerten. Auch das hatte bis dahin niemand so gemacht. Der
rasante Anstieg der vergangenen Jahrzehnte, so lautet die zentrale Aussage, kommt vor allem daher, dass der Boden zum Bau-
en immer knapper wird. Wenn das stimmt, helfen womöglich
nur noch höhere Steuern auf (größeres) Eigentum, so Schularick.
Nicht populär, aber ökonomisch fast zwingend.

Und wann kommt nun der nächste Crash? Auf die womöglich wichtigste Frage hat auch Schularick noch keine fertige Antwort. Noch nicht. Bisher sei es darum gegangen, Daten zu sammeln und vergangene Krisen zu verstehen. Die Lehre soweit: Es
kommt nicht so sehr darauf an, ob es hier und da eine Blase etwa
am Aktienmarkt gibt. Entscheidend ist, ob dahinter Kreditexzes-
se stecken. Dann wird es kritisch. Dann sollten Frühwarnsysteme
Alarm geben.

Wenn Schularick mit Notenbankern spricht, wollen die es
natürlich genauer wissen. Der Wunsch ist, aus der historischen
Erfahrung ein Frühwarnsystem abzuleiten, das anzeigt, bei wie
viel Prozent Kreditwachstum ein Stadium erreicht ist, das Aufseher alarmieren sollte. Das genau zu definieren, daran werde
noch geforscht, sagt Schularick. Und das lohnt allemal. Immerhin
gibt es schon jetzt internationale Regularien (unter dem Namen
Basel III), die vorsehen, dass Banken in ihrer Kreditvergabe bei
zunehmender Euphorie automatisch gebremst werden sollten.

Wer weiß, vielleicht lässt sich das eines Tages aus den ewig langen Zeitreihen ableiten, die Moritz Schularick aus alten Zeiten gesammelt hat. Der Traum vom Archiv, das helfen kann, den ganz großen Finanzcrash zu verhindern. *Thomas Fricke*

ZWEI LIEBLINGSBÜCHER Sprechende Buchtitel hat sich Moritz Schularick ausgesucht: „Der Igel und der Fuchs" von Isaiah Berlin und „Krieg und Frieden" von Leo Tolstoi. Das passt auch inhaltlich zusammen. Denn Isaiah Berlin analysiert in seinem Essay, wie sich bei Tolstoi zwei Typen gegenüberstehen: Der Igel hat eine sehr gute Kenntnis von einer Sache, der Fuchs weiß von vielem etwas und denkt eher in Zusammenhängen. Genau darum geht es auch in der Ökonomie, sagt Schularick: Die Wirklichkeit als Phänomen zu erkennen, bei dem Einzigartiges und Gesetzmäßigkeiten zusammenkommen. Kredite unterstützen Wachstum. Die Frage ist nur: Wann sind es zu viele Kredite?

Wenn eine Kreditblase platzt, müssen Notenbanken viel Geld zur Verfügung stellen, um eine Depression zu verhindern.

MORITZ SCHULARICK

KÄMPFERISCHE TÖNE

Sind die Finanzmärkte seit der Krise instabiler geworden –
und wenn ja, wie viel? Auf solche Fragen sucht Christian Proaño
an der Universität Bamberg Antworten. Seine ecuadorianische
Herkunft hat seinen Blick auf die Wirtschaft geprägt.

D as erste, worüber Christian Proaño neue Studenten belehrt, ist, wie gut sie es haben. Dass sie „den Jackpot gewonnen" hätten, allein, weil sie in Deutschland geboren
wurden. Dass sie gar nicht wüssten, wie gut es ihnen gehe. Dass
es in vielen anderen Ländern viel schlimmer sei mit Lebensqua-
lität, Wohlstand, innerer Sicherheit, politischer Stabilität. „Die
Studenten sollen ein Verständnis für andere Realitäten bekommen", sagt Proaño. „Das ist wichtig, um zu verstehen, dass eine
falsche Wirtschaftspolitik ein ganzes Land ruinieren kann." Und
dann auf einmal alles ganz anders ist.

Er hat es schließlich selbst erlebt, 1999, in seinem Geburts-
land Ecuador. Als in dem heruntergewirtschafteten, latein-
amerikanischen Staat das Chaos ausbrach, mit Hyperinflation,
dem rapiden Verfall der Landeswährung, bankrotten Banken
und solchen, die wochenlang ihre Schalter nicht mehr öffne-
ten. Zweieinhalb Millionen Ecuadorianer ergriffen damals die
Flucht. Wer blieb hatte es schwer. „Viele Rentner sind gestorben,
weil sie nicht mehr an ihr Geld kamen", erzählt Proaño. Sein Vater, obwohl finanziell ordentlich gesattelt, wusste plötzlich nicht
mehr, wie er das Studium seines Sohnes bezahlen sollte. Seinen
Studenten rät Christian Proaño regelmäßig, sie sollten hinaus
in die Welt, sich umschauen, „offene Augen bekommen", wie er
sagt. Dann nämlich, ist er überzeugt, bekämen sie umso mehr
Lust auf Volkswirtschaftslehre.

Rein äußerlich ginge Christian Proaño mit wenig Fantasie
selbst noch als ein (wenn auch etwas älterer) Student durch.
Pullover, Jeans, in die Jahre gekommene Sportschuhe. Ein tem-
peramentvoller Mann mit Brille, kurzen schwarzen Haaren und
Dreitagebart. Seit Mai 2015 ist Proaño, Jahrgang 1980, Inhaber
der Professur für Volkswirtschaftslehre mit Schwerpunkt angewandter Wirtschaftsforschung an der Otto-Friedrich-Univer-
sität in Bamberg. Als Wissenschaftler hat sich der promovierte
Makroökonom vor allem der Geldpolitik und den Finanzströ-
men verschrieben. Seine Publikationsliste zu diesen Themen-
feldern, aber auch zur Konjunkturforschung oder Einkom-

mensverteilung ist beeindruckend lang für einen Mann seines Alters. „Wenn ich der Sohn eines britischen Lords wäre, hätte ich vermutlich Archäologie oder Geschichte studiert", sagt Proaño. Tatsächlich ist er Sohn zweier ecuadorianischer Volkswirte, die vor der Pensionierung in Diensten des dortigen Staates standen. Sein Vater hat zwei Fachbücher zum Thema Außenhandel geschrieben, aus denen der Sohn später im Studium gelernt hat. Christian Proaño stammt aus einer links-intellektuellen Familie; der bekannteste Befreiungstheologe Ecuadors, Leonidas Proaño, war ein entfernter Verwandter. All das prägt.

So verwundert es nicht unbedingt, dass Christian Proaño kämpferische Töne anschlägt, wenn es etwa um Großbanken geht. Sie müssten „unbedingt gebändigt werden", klein gehalten, um nicht im Krisenfall als systemrelevant den Staat um Geld erpressen zu können. „Bei wiederholten kriminellen Vergehen" sollten Banken „geschlossen werden und nicht, wie jetzt, mit verhältnismäßig lächerlichen Strafen davonkommen". Das kann man wohl getrost als Tritt gegen die Deutsche Bank verstehen. Auch in vielen Instituten läuft nach Überzeugung des Wissenschaftlers allerhand fehl. „Die Boni- und Anreizmechanismen sind falsch", sagt Proaño. „Denn damit werden die belohnt, die hohe Risiken eingehen."

DIE WIRTSCHAFT IST WIE DAS LEBEN: UNBERECHENBAR

Christian Proaño gehört zu den Ökonomen, die spätestens seit der Finanzkrise an der Selbstregulationskraft der Finanzmärkte zweifeln. „Die Krise hat gezeigt, dass sie aus sich heraus nicht effizient und rational funktionieren", sagt Proaño. Aktuell untersucht er die Frage, ob die Finanzmärkte seit der Krise instabiler geworden sind, und wenn ja, wie stark. Und mit seinem Bochumer Kollegen Michael Roos hat er sich vorgenommen, die makroökonomischen Auswirkungen der vielen Flüchtlinge zu erforschen. „Volkswirtschaft", sagt Christian Proaño, „ist keine exakte Wissenschaft". Das könne sie gar nicht sein: „Weil Wirtschaft keinen exakten und konstanten Regeln folgt wie eine Maschine."

Eher also funktioniert sie wie das Leben an sich, das nur zu einem Teil berechenbar und Veränderungen und Überraschungen unterworfen ist, guten wie schlechten. Christian Proaño sagt von sich, ihn hätten jene drei Jahre geprägt, in denen sein Vater stellvertretender Botschafter Ecuadors in Uruguay war. Nach der Rückkehr wollte seine ältere Schwester nie wieder fort aus Ecuador; sie lebt noch heute dort. Ihren damals zwölfjährigen Bruder beschlich in Uruguay hingegen erstmals das Gefühl, „dass es spannend und faszinierend ist, unterwegs zu sein".

Zu Neugier und Fernweh trug auch die von Jesuiten geführte deutsche Schule in der Hauptstadt Quito bei, auf die seine Eltern ihn schickten. Weil sie als beste Privatschule im Land galt, nicht aber die teuerste war. Christian Proaño lernte dort nicht nur akzentfreies Deutsch. „Ich las dort Effi Briest, Schillers Don Carlos, Goethes Faust, und mit europäischer Geschichte kenne ich mich bis heute besser aus als mit ecuadorianischer", erzählt er. 1996, mit 16 Jahren also, kam Proaño durch einen Schüleraustausch erstmals nach Deutschland, nach Worms. Auch so ein Erlebnis, „das mich mobil gemacht hat".

DIE SCHWARZE NULL IST SCHWACHSINN

Umgekehrt kam seine spätere Frau, eine Ostwestfälin, später per Schüleraustausch nach Ecuador. Sie lernten sich dort kennen und nach einem Semester an der Katholischen Universität in Quito zog er zu ihr nach Bielefeld. Er setzte sein Studium dort bis zum Diplom fort und schrieb seine Dissertation, die sich im Kern um die Stabilität der Eurozone dreht, als Stipendiat der gewerkschaftlichen Hans-Böckler-Stiftung. Promoviert wurde Christian Proaño mit summa cum laude. Anschließend wurde er wissenschaftlicher Mitarbeiter an der Universität Erfurt und am Institut für Makroökonomie und Konjunkturforschung (IMK) in Düsseldorf. Von 2010 bis 2015 arbeitete Proaño an der New Yorker New School for Social Research, „der besten linken Uni der Welt", wie er sagt, an der bereits viele deutschsprachige Gelehrte forschten und lehrten. „Ich habe dort gearbeitet wie ein Berserker." Zwischen New York und Bamberg lagen noch zwei Lehrstuhlvertretungen in Berlin und zwei Monate bei der Bundesbank.

Und nun Bamberg. „Ein kompletter Glücksgriff", sagt Proaño. Dabei ist die lebendige, fränkische Universitätsstadt mit ihrem von der Unesco zum Weltkulturerbe erklärten historischen Kern so ziemlich das Gegenteil von New York – übersichtlich, die Wege sind kurz, das Klima entspannt. Ideal für eine Familie mit zwei kleinen Kindern. Christian Proaño sagt, er habe sich sehr gut eingelebt und könne sich vorstellen, langfristig in Bamberg zu bleiben. Mit Kollegen möchte er an der Universität ein Graduiertenkolleg aufbauen.

„Es ist meine erste unbefristete Anstellung", sagt Proaño über die Professur. Die damit verbundenen wissenschaftlichen Freiräume will er auch nutzen, um sich in öffentliche wirtschafts- und fiskalpolitische Diskurse stärker einzubringen. In die Debatte um die schwarze Null zum Beispiel. „Ein Schwachsinn" sei sie, sagt Proaño. Denn wenn der Staat für Investitionen in die Zukunft die nächsten Generationen über Schulden mit beteilige, dann sei das keineswegs verwerflich, im Gegenteil. Auch der Umgang mit den vielen Flüchtlingen falle darunter. „Sie nicht mit einem großen Investitionsprogramm schneller und besser zu integrieren ist fahrlässig."   *Uwe Ritzer*

ZWEI LIEBLINGSBÜCHER „Les Miserables von Victor Hugo" antwortet Christian Proaño ohne eine Sekunde zu zögern, als er nach seinen Lieblingsbüchern gefragt wird. Als Jugendlicher habe er das Buch gelesen „und seither bestimmt noch fünf Mal". Es habe ihn in seinem Denken „extrem mitgeprägt, weil man sofort Sympathie für das Proletariat entwickelt, wenn man es liest", sagt er. Beim Lieblings-Fachbuch bittet er hingegen um ein paar Stunden Bedenkzeit. Am Ende entscheidet er

sich für „General Theory", das Hauptwerk von John Maynard Keynes.
„Weil es nicht nur für die Notwendigkeit von Wirtschaftspolitik als sta-
bilisierendem Mechanismus eines nicht immer stabilen Wirtschaftssys-
tems argumentiert, sondern auch im Rahmen der Erwartungshaltung
der Agenten den Grundstein für die Verhaltensökonomie gelegt hat."

**Bei wiederholten kriminellen Vergehen
sollten Banken geschlossen werden und nicht,
wie jetzt, mit verhältnismäßig lächerlichen
Strafen davonkommen.**

CHRISTIAN PROAÑO

Die sichtbare Hand

WETTBEWERB UND UNTERNEHMEN

DAS PRINZIP ORDNUNG

*Die Digitalisierung der Wirtschaft macht alte Fragen
nach den richtigen Wettbewerbsregeln wieder brandaktuell:
Welche Ordnungspolitik passt zum neuen Zeitalter?
Die Wettbewerbs- und Industrieökonomik erfindet sich gerade
neu, um Antworten zu finden.*

Es könnte so einfach sein, und ist doch so kompliziert. In der Marktwirtschaft, also dem weltweit vorherrschenden Wirtschaftssystem, wetteifern Menschen und Unternehmen im Rahmen der gesetzlichen Vorschriften um den besten Weg, knappe Güter zu verteilen und Wohlstand zu erlangen oder zu behalten. In einem solchen System hat Wettbewerb eine herausragende Bedeutung: Er stellt sicher, dass alle Marktteilnehmer jedenfalls die Chance zum Erfolg haben, und dass nicht einer alles bestimmt, weder ein Konkurrent noch der Staat.

Der Wettbewerb ist nach Walter Eucken eines der „konstituierenden Prinzipien" einer Marktwirtschaft, also eine zwingende Voraussetzung. Die Herstellung eines „funktionsfähigen Preissystems vollständiger Konkurrenz" nannte er sogar das zentrale „Grundprinzip". Eucken ist als Vertreter der „Freiburger Schule" einer der geistigen Väter der sozialen Marktwirtschaft des Grundgesetzes, seine Kollegen Friedrich August von Hayek (der spätere Nobelpreisträger), Franz Böhm und Erich Hoppmann entwickelten Wettbewerbstheorie und Wettbewerbspolitik entscheidend weiter. Dabei wurde aber auch deutlich, dass es gar nicht so einfach ist, die konkrete Ausgestaltung des allgemeinen Wettbewerbsprinzips festzulegen.

Man sollte also meinen, dass das ganze Augenmerk der Wirtschaftswissenschaften weiterhin und unablässig darauf läge, die besten Bedingungen für Wettbewerb zu erkennen und zu formulieren. Die Klassiker der Ökonomik waren auf diesem Feld unterwegs. Schon Adam Smith machte sich Gedanken über das Verhältnis konkurrierender Anbieter von Waren und Dienstleistungen und über die Freiheit der Konsumenten, unter den angebotenen Alternativen zu wählen. Bei vollständiger Konkurrenz und einem freien Spiel der Kräfte, so sein Gedankenspiel, entsteht über den Preismechanismus und wie durch eine „unsichtbare Hand" eine allgemeine Harmonie der Interessen. Aber auch Smith machte sich bereits Gedanken, wie der Staat die Rahmenbedingungen dieses Wettbewerbs organisieren muss. Heute weiß man genauer, dass es auf genau diesen Staat ankommt: Er soll den Wettbewerb zulassen, aber auch die Vorkehrungen treffen, dass er funktioniert. Was heißt das aber konkret? Das ist die große Frage.

Es liegt nahe anzunehmen, dass Politik und Öffentlichkeit lebhaft über diese Grundlagen der Marktwirtschaft diskutieren. Dass Ökonomen sich keine vornehmere Aufgabe vorstellen können, als über Wettbewerbstheorie und -politik zu forschen. Erstaunlicherweise ist das nicht so. Das Interesse an diesem Bereich der Wirtschaft ist über die Jahre eher in den Hintergrund gerückt. In Deutschland hat das Bundeskartellamt als diejenige Institution, die im Auftrag des Gesetzgebers den Wettbewerb praktisch absichern soll, längst nicht mehr die Macht (die hat es teilweise an die Europäische Kommission als die EU-Wettbewerbsbehörde verloren) und auch nicht das öffentliche Ansehen wie in den ersten Jahrzehnten nach ihrer Gründung 1958.

Die Monopolkommission, die den Bundeswirtschaftsminister in Wettbewerbsfragen berät, führt nur noch ein Schattendasein, ihre Voten werden gerade mal höflich zur Kenntnis genommen – oder auch nicht, wie im Frühjahr 2016, als Bundeswirtschaftsminister Sigmar Gabriel gegen das entschiedene Votum der Monopolkommission (und des Bundeskartellamts) mit arbeitsmarktpolitischer Begründung einen Zusammenschluss der Supermarktketten Edeka und Tengelmann billigte, obwohl der ganz eindeutig zu weniger Wettbewerb führt, zu weniger Auswahlmöglichkeiten für die Verbraucher und zu mehr Marktmacht gegenüber den Lieferanten. Die Experten waren nahezu einhellig empört, der Vorsitzende der Monopolkommission trat unter Protest zurück – von einem öffentlichen Aufschrei aber konnte nicht die Rede sein; nach wenigen Tagen war das Thema medial „durch". Das hatte sich Ludwig Erhard, der überzeugte Marktwirtschaftler, Vater des Wirtschaftswunders und Initiator des Gesetzes gegen Wettbewerbsbeschränkungen im Jahr 1958, einmal anders gedacht.

Vielleicht kann man formulieren, dass sich das Wettbewerbsprinzip zu Tode gesiegt hat. Kaum jemand möchte es ernsthaft infrage stellen, selbst zentral gelenkte Systeme wie in Russland, China oder Vietnam bekennen sich zum Wettbewerb. Aber niemand weiß eigentlich noch so genau, was Wettbewerb ist, und vielleicht will es auch niemand wissen.

Schon die Definition im Duden ist reichlich sperrig. Danach ist „Wettbewerb, der: 1. etwas, woran mehrere Personen im Rahmen einer ganz bestimmten Aufgabenstellung, Zielsetzung in dem Bestreben teilnehmen, die beste Leistung zu erzielen, Sieger zu werden 2. (Wirtschaft) Kampf um möglichst gute Marktanteile, hohe Profite, um den Konkurrenten zu überbieten, auszuschalten; Konkurrenz". Als Synonyme benennt der Duden einerseits „Begegnung, Contest, Cup, Fight, Match, Olympiade, Partie, Preisausschreiben, Spiel, Test, Turnier, Wettspiel; (österreichisch) Bewerb; (regional) Ausscheid; (Sport) Kampf, Prüfung, Qualifikation, Rallye, Treffen, Wertung, Wettkampf", andererseits „Gegnerschaft, Jagd, Konkurrenz[druck], Konkurrenzkampf, Konkurrenzverhältnis, Nebenbuhlerschaft, Schlacht, Wetteifer, Wettkampf, Wettstreit; (bildungssprachlich) Rivalität". Viele Worte, weil man das Ding nicht kurz auf den Punkt zu bringen vermag.

Auch in der Wissenschaft standen Fragen des Wettbewerbs lange nicht im Vordergrund. Wer wissenschaftliche Meriten erwerben will, forscht lieber in anderen Themengebieten. Die Zahl der originär wettbewerbsökonomischen Lehrstühle in Deutschland ist überschaubar. Erst 2009 wurde dank privater Zuwendungen in Düsseldorf das erste regelrechte Institut für Wettbewerbsökonomik gegründet, an dessen Spitze der junge Ökonom Justus Haucap steht, der nachfolgend auch porträtiert wird. Selbst ihm fällt es schwer, einen aktuellen wirklich umfassenden Überblickartikel über den Stand der Zunft zu nennen.

Allerdings scheint Besserung in Sicht. Dass im Jahr 2014 mit dem in Toulouse lehrenden Franzosen Jean Tirole endlich wieder ein Wettbewerbsökonom den Nobelpreis für Wirtschaftswissenschaften erhalten hat, bezeichnenderweise zum ersten Mal seit George Stigler 1982, könnte ein Zeitzeichen sein.

Tirole wird dafür gerühmt, dass er sich nicht mit oberflächlichen Erkenntnissen zufriedengibt, dass er Wirtschaft wirklich in ihren Details verstehen will. Er zerlegt sie in ihre einzelnen Bestandteile – wie ein Tüftler alter Schule, der ein Radio kleinteilig auseinandernimmt: Wer hat wo welche Macht, wer hat welche Informationen, wer manipuliert? Wer ihm dabei folgt, der erkennt, dass es den einen Markt nicht (mehr) gibt, sondern sehr viele, und dass es deshalb auch differenzierter Lösungen bedarf.

Namentlich die Globalisierung und die Digitalisierung mit ihrer totalen weltweiten Vernetzung, ferner die Europäisierung des Wirtschaftsrechts und die Privatisierungen von Staatsmonopolbetrieben in Deutschland stellen die Wettbewerbstheorie und -politik vor ganz neue Herausforderungen. Ein Stichwort in diesem Zusammenhang sind die „natürlichen Monopole". So nennt man es, wenn ein einzelnes Unternehmen aufgrund hoher Fixkosten und niedriger Grenzkosten den Markt zu niedrigeren Produktionskosten versorgen kann als zwei einzelne Unternehmen, denen dieselbe Technologie zur Verfügung steht.

Deutschland kennt solche Unternehmen seit den Liberalisierungen und Privatisierungen am Ende des 20. Jahrhunderts: In den Bereichen Strom, Gas, Post, Telekom und Schienenverkehr sind marktbeherrschende private Anbieter – Bahn, Telekom, Energiekonzerne – entstanden, für die man nun das richtige Verhältnis von Regulierung und Freiheit finden muss. Lange Zeit hat die Politik sich schwergetan, hier wirklich Initiativen für mehr Wettbewerb zu entwickeln.

Die digitale Revolution des 21. Jahrhunderts, die aus den Vereinigten Staaten kommend riesige Konzerne hervorgebracht hat – Microsoft, Google, Apple, Facebook und andere – hebt diese Diskussion nun auf eine neue Ebene. Wie mächtig dürfen, wie mächtig sollen diese Unternehmen im allgemeinen Interesse sein? Was machen sie mit uns Verbrauchern, was mit ihren Zulieferern? Aber auch: Können sie ihre Monopolstellung überhaupt wirklich ausnutzen, oder müssen sie dank offener Innovation nicht ständig mit neuer Konkurrenz rechnen? Und was passiert wiederum, wenn eines dieser Unternehmen dank seiner Technik plötzlich auf immer mehr Märkten gleichzeitig aktiv ist?

Konkret: Wie gefährlich ist Google?

Auch wenn die allgemeine Aussage immer noch gilt, dass Wettbewerb besser ist als ein Monopol, und dass ein dominierendes Unternehmen tendenziell zu hohe Preise verlangt und zu schlechte Produkte abliefert, und dass der Wettbewerb mehrerer Anbieter zu den für die Allgemeinheit besten Ergebnissen führt, so kommt es in Zukunft doch sehr aufs Konkrete an. Damit aber gerät die Politik in die Versuchung der Beliebigkeit: Heute regeln wir das so, morgen so, gerade wie der Zeitgeist so weht oder womöglich, horribile dictu, welche Interessengruppe den größten Druck ausübt. In diesem komplizierten Umfeld ist die Arbeit von tiefschürfenden Wettbewerbsökonomen wichtiger denn je.

Marc Beise

DER KONKURRENT
IST DEIN FREUND

*Selbst in Neuseeland hat Justus Haucap gezeigt,
dass es sich lohnt, Monopole zu knacken. Heute leitet er das
Institut für Wettbewerbsökonomie in Düsseldorf und findet,
Deutschland brauche mehr Rabatzmacher wie Uber.*

Im Büro von Justus Haucap hängt ein Schild: „We didn't break the duopoly, you did", steht da in weißer Schrift auf blauem Grund. Der Wissenschaftler hat es von einem neuseeländischen Mobilfunkanbieter bekommen. Als der antrat, ließ Vodafone seine Kunden wissen: Anrufe im Vodafone-Netz kosten sechs, die ins Netz des Neulings 89 Cent pro Minute. „Die Botschaft war klar: Wenn ihr zum neuen Anbieter wechselt, ruft euch niemand mehr an", erinnert sich Haucap, der vor einigen Jahren in der Angelegenheit als Sachverständiger aussagte.

Vodafone hat eingelenkt, ehe das Wettbewerbsverfahren abgeschlossen war. Und Neuseeland hat immer noch drei Mobilfunkanbieter. Duopol geknackt. Der Dankesbrief zeigt, wie ein Wissenschaftler die Welt verändern kann. Dass das Papier gerahmt an der Wand hängt, zeigt wiederum, dass Haucap einer jener Ökonomen ist, die genau darin eine ihrer wichtigsten Aufgaben sehen: beobachten und verstehen, was da draußen passiert – und sich dort mit Argumenten einbringen, wo der Wettbewerb in Gefahr gerät.

Haucap, geboren 1969 als Sohn eines Lehrerpaares im niedersächsischen Quakenbrück, mischt sich bereits früh ein. Er ist Schülersprecher, tritt den Jungen Liberalen bei, schreibt erst für die Schüler-, dann für die Lokalzeitung. Er will Journalist werden. Aber weil er in einem Ratgeber liest, dass man dazu alles, nur nicht Journalismus studieren sollte, schreibt er sich für Volkswirtschaft an der Universität des Saarlandes ein. Er hatte auch an Geschichte und Soziologie gedacht, dass er sich für VWL entschied, war, wie er sagt, „auch eine gewisse Absicherung, falls es mit dem Journalismus nichts wird". Stattdessen wird es was mit der Wissenschaft. Während seiner Promotion verbringt er ein Jahr in Berkeley beim späteren Nobelpreisträger Oliver Williamson und stößt dort – wieder eher aus Zufall – auf einen interessanten Job. Das Finanzministerium in Neuseeland sucht einen Analysten.

WO ES MONOPOLE GIBT, DA GIBT ES AUCH GELD

1997 kommt er in das kleine Land und dort schnell zu Verantwortung. „Nach sechs Wochen musste ich zum ersten Mal den Minister zur Postreform briefen", erinnert er sich. Es folgt eine Reform der Trinkwasserversorgung und eine Reform der Flughäfen. Sogar mit der Frage, ob das Land eine Quote für neuseeländische Musik braucht, beschäftigt er sich. So lernt er die unterschiedlichsten Märkte kennen und damit auch die wichtigsten Forschungsfragen. „Die Zeit hat meine Denkweise geprägt", sagt Haucap. „Zuvor habe ich mich erst einmal durch die Literatur gewühlt, um mich zu fragen, wie ich sie ergänzen kann. Danach habe ich erst über Märkte nachgedacht und mich dann gefragt, warum die Dinge so sind, wie sie sind – und ob das sinnvoll ist." Im Inneren des politischen Betriebs lernt er auch etwas anderes: wie er zum Ziel kommt. „Im Zweifelsfall nehme ich auch die zweitbeste Lösung, wenn es dafür eine Mehrheit gibt", sagt er. Sein Doktorvater Rudolf Richter sagte einmal über ihn, Haucap habe die Gabe, die Theorie mit der Praxis zu verbinden.

Diese Gabe zeigt er immer dann, wenn er sich in die öffentliche Debatte einmischt. Er zweifelt, dass die Leute im digitalen Zeitalter erst Helene Fischer schauen und dann „Monitor", und fordert eine Reform des öffentlich-rechtlichen Rundfunks. Er hat sich dafür stark gemacht, dass Tankstellen ihre Preise in eine Datenbank ins Netz stellen, sodass Autofahrer per Mausklick die billigste Tankstelle in ihrer Umgebung finden.

Und wie er da in seinem Büro sitzt und erklären soll, warum Wettbewerb in Deutschland einen schlechten Stand hat, sagt er: „Kein Wunder, dass Uber solch einen Rabatz macht!" Für ihn veranschaulichen die Rotznasen des amerikanischen Fahrdienstes ein strukturelles Problem: Wo es Monopole gibt, da gibt es auch Geld. Und wer Geld hat, der hat Einfluss. „Ein Neuling aber hat nichts, der hat auch kein Gehör." Die Verbraucher seien viel zu versprengt. „Keiner macht eine Demo, weil er findet, dass die Postkarte eigentlich nur 40 Cent kosten dürfte."

Haucap hätte damals in Neuseeland bleiben können. Aber er merkte, dass ihm Freunde und Familie fehlten. Er wollte zurück nach Deutschland, zurück an die Uni. „Es war aufregend, aber auch etwas unbefriedigend, den Dingen nie auf den Grund gehen zu können", sagt er. Das tut er dann in Hamburg, wo er bei Jörn Kruse habilitiert. Die Arbeit ist noch nicht abgeschlossen, als ein Ruf an die Ruhr-Universität Bochum kommt. 2003 übernimmt er mit 34 Jahren den Lehrstuhl für Wettbewerbstheorie und -politik. 2006 wird er in die Monopolkommission berufen, zwei Jahre später deren Vorsitzender. 2009 geht er nach Düsseldorf, um an der dortigen Universität Deutschlands erstes Institut für Wettbewerbsökonomie aufzubauen.

Haucap selbst nennt seine Karriere eine „Verkettung glücklicher Umstände". Das ist eine bescheidene Deutung und sagt viel darüber aus, wie dieser Mann ist: unprätentiös; mit ironischen Spitzen und einem ansteckenden Lachen; eher in Jeans und T-Shirt als im Anzug unterwegs und dem, was die meisten Krawatte, er aber „Kompetenzstrick" nennt. Justus Haucap ist keiner, der glaubt, dass er allein die Welt ändern kann. Er weiß, dass es dazu immer auch „günstige Konstellationen" braucht, wie er das nennt.

Haucap sucht deshalb das persönliche Gespräch mit den Referenten in den Ministerien. „So bekommt man ein Gefühl dafür, welchen Zwängen Politiker unterliegen. Man merkt, wann man mit einem Thema nicht durchkommt, dafür aber auch, mit welchem anderen man vielleicht besser durchkommt." Er sucht den Weg in die Medien, am liebsten in die überregionalen Zeitungen, weil sie den Raum für Nuancen lassen und von Politikern, Managern und Intellektuellen gelesen werden. Und er widmet sich der Ausbildung von Ökonomen, die in seinem Sinne denken.

Der gläserne Bau, der das Düsseldorfer Institut für Wettbewerbsökonomie beherbergt, hebt sich ab von den grauen 70er-Jahre-Bauten auf dem restlichen Campus. Eine 40-Millionen-Euro-Spende von zwei Unternehmerfamilien hat die Einrichtung ermöglicht und damit Stellen für sechs Professoren, fünf Juniorprofessoren und etwa 30 Postdocs. Haucap will seinem Institut und den dort entstehenden Ideen mehr Gehör in Brüssel verschaffen. Einige seiner einstigen Doktoranden sind inzwischen im Stab der EU-Kommission. *Varinia Bernau*

ZWEI LIEBLINGSBÜCHER Justus Haucap nennt nach einigen Abwägungen „The Firm, the Market, and the Law". Die Aufsatzsammlung des britischen Ökonomen Ronald Coase habe sein Denken geprägt. Der Roman „Der menschliche Makel" des Amerikaners Philip Roth habe ihn beeindruckt, weil er zeige, wie Menschen, die sich moralisch überlegen fühlen, anderen das Leben zur Hölle machen können.

Keiner macht eine Demo,
weil er findet, dass die Postkarte eigentlich
nur 40 Cent kosten dürfte.

JUSTUS HAUCAP

DER GERECHTE

*Ökonom Andreas Löschel untersucht, wie sich die Kosten
für mehr Nachhaltigkeit fair verteilen lassen.*

W as ein grünes Gewissen kostet? Oft, weiß Andreas Löschel, sind es nur ein paar Euro. Wer etwa bei Reise-
konzernen oder Fluggesellschaften bucht, kennt das
Angebot: Meist können Verbraucher den CO_2-Ausstoß von Flug,
Bahntrip oder Busfahrt mit einer schnellen Überweisung an
grüne Projekte kompensieren. Kaum jemand aber zahlt. „Die
Kunden sind zwar grundsätzlich bereit, für mehr Umweltschutz
auch etwas zu leisten", sagt Löschel, „aber nur unter bestimmten Bedingungen." Kaum einer, der sich nicht frage: „Warum soll
ich zahlen, wenn der Verkäufer der Reise nicht auch zur Kasse
gebeten wird?"

Für den Umweltökonomen sind es solche alltäglichen Fragen
der Gerechtigkeit, die für die großen Probleme der internationalen Umweltpolitik stehen. Löschel, 1971 geboren, ist Professor
für Mikroökonomik an der Universität Münster, sein Schwerpunkt ist die Energie- und Ressourcenökonomik. Der Wissenschaftler, ein zurückhaltender, großer Mann, sitzt in einem Berliner Café, und macht in kurzen klaren Sätzen deutlich, worauf es
bei politischen Entscheidungen aus seiner Sicht ankommt: „Auf
Fairness." Es sei für ihn und seine Forscherkollegen eine Überraschung gewesen, wie stark die freiwillige Zahlungsbereitschaft
steige, wenn Kunden ein Modell für gerecht hielten. „Das ist der
Schlüssel für nachhaltigeres Wirtschaften", sagt Löschel.

Erderwärmung, Luftverschmutzung, Ausbeutung von Ressourcen: Seit vielen Jahren predigen Umweltökonomen in aller

Welt die Lehre von der notwendigen Internalisierung externer Kosten, mit der die wirtschaftlich effizienteste Umweltpolitik betrieben werden könne. Doch das simple marktwirtschaftliche Prinzip, wonach Ressourcenverschwendung und Umweltverschmutzung ein Preisschild bekommen und so eingedämmt werden sollen, setzt die Politik bislang nur selten durch. Pläne, etwa für eine Einbindung des Verkehrssektors in den Emissionshandel, stoßen auf heftigen Widerstand der Wirtschaft.

DEUTSCHE UMWELTÖKONOMEN SIND INTERNATIONAL FÜHREND

Es geht also um die schwierige Frage: Wie groß ist die Bereitschaft für mehr Nachhaltigkeit zu zahlen? Eine neue Generation von Umweltökonomen sucht nach Antworten. Löschel etwa hat gemeinsam mit anderen Ökonomen das Verhalten der Verbraucher am Beispiel eines rasant wachsenden und vergleichsweise neuen Marktes erforscht, den Reisen per Fernbus. Die Wissenschaftler wollten wissen, unter welchen Bedingungen sich Akteure eines Marktes auf faire Lösungen einigen und wie diese aussehen. Dazu machten sie den Reisenden verschiedene Angebote. Ein Mal versprachen sie Rabatte von 25 bis 75 Prozent auf den Klimabeitrag, ein anderes Mal sollten die Reiseunternehmer den Klimabeitrag zu einem Drittel bis zu zwei Dritteln mitfinanzieren. Ergebnis des Tests von mehr als 10 000 Buchungen: „Die größte Spendenbereitschaft gab es, wenn sich Kunde und Reiseanbieter die Kosten eins zu eins teilten", sagt Löschel. Dann also, wenn beide Profiteure eines Angebots für die Kosten aufkommen: Nutzer und Produzenten.

Der Ökonom zählt mit solchen praxisnahen Arbeiten in Umwelt- und Energiefragen zu den einflussreichsten Politikberatern seines Metiers. Seit 2011 ist er Vorsitzender der Expertenkommission zum Monitoring-Prozess „Energie der Zukunft" der Bundesregierung. Löschel steht nicht nur für die wachsende Bedeutung seiner Fachrichtung in der Ökonomie. Seine Karriere zeigt auch, dass deutsche Forscher auf diesem Gebiet zu den international führenden gehören. Als Leitautor war er am jüngsten Sachstandsbericht des Weltklimarats (IPCC) beteiligt. Löschel lehrt nicht nur an seiner Heimat-Universität in Münster sondern auch an der Tsinghua-Universität in Peking und der Australian National University (ANU) in Canberra. Das Interesse an seiner Arbeit sei in den vergangenen Jahren stark gewachsen, sagt Löschel, der – bevor er nach Münster ging – schon in Heidelberg und Mannheim lehrte.

Lange fristeten Umweltökonomen ein Nischendasein. Das war auch noch im Jahr 1999 so, als Löschel nach Oslo reiste, zu seiner ersten Konferenz mit Kollegen aus aller Welt. Sein Fach war damals eine vergleichsweise kleine und junge Disziplin, die auch an den Universitäten oft nur als kleines Nebenfach geführt wurde. Allenfalls 100 Forscher hätten sich in Norwegens Hauptstadt versammelt. Inzwischen ist die Disziplin ins Zentrum des Interesses gerückt. „Beim letzten Treffen in Helsinki war das ein Riesenkongress mit weit mehr als 1000 Teilnehmern", sagt Löschel.

Der Forscher ahnt, dass die kommenden Jahre wichtige Weichen für die Umweltpolitik stellen werden – und auch für die Forschung der Ökonomie. Etwa bei der Umsetzung der Klimaziele des Gipfels von Paris Ende 2015. Wieder gehe es um Gerechtigkeit, sagt Löschel. Zu einer Lösung des Klimaproblems werde es nur kommen, wenn Industrie- und Schwellenländer zu einem Interessenausgleich kämen, den beide Seiten für fair halten könnten.

IN CHINA BEWEGT SICH ETWAS

Die Rückschläge in Europa beobachtet Löschel mit Sorgen. Der Emissionshandel erlahmt, weil die Preise für Zertifikate abgestürzt sind. „Die ökonomischen Ideen sind gut, es ist eher die Umsetzung, die nicht immer optimal war." Nicht nur, weil Regierungen zu vorsichtig waren und Unternehmen nicht überfordern wollten. Auch, weil sie es an anderer Stelle übertrieben

> **Die ökonomischen Ideen sind gut, es ist eher die Umsetzung, die nicht immer optimal war.**
>
> ANDREAS LÖSCHEL

und zu viele Instrumente gleichzeitig eingeführt haben. In der EU gibt es neben dem Emissionshandel diverse nationale Fördermechanismen. Die Briten führten eine Steuer ein, Deutschland die Ökostromförderung. „Die Instrumente überlappen sich. Darauf achtet die Politik zu wenig." Löschel schlägt eine Preisuntergrenze für Zertifikate vor. Dann könnte der Preis nicht so tief sinken, dass es den gesamten Mechanismus gefährdet.

Die Chancen auf internationale Fortschritte beim Kampf gegen den Klimawandel stünden nicht schlecht, glaubt Löschel. Bei seinen Besuchen vor allem in China spürt er: „In Peking bewegt sich etwas." Extreme Wetterphänomene, wie sie der Klimawandel hervorruft, beschäftigten die Bevölkerung in vielen Regionen Chinas noch stärker als in Europa. Die Politik reagiere auf die Sorgen der Bevölkerung. China wolle regionale Tests beim Emissionshandel auf ein nationales System ausweiten. „Das Bewusstsein für die Gefahren der Erderwärmung wird dort immer größer", sagt Löschel. *Markus Balser*

ZWEI LIEBLINGSBÜCHER Gern gelesen hat Löschel „Die Idee der Gerechtigkeit" von Amartya Sen. Äußerst anregend denke der Nobelpreisträger über das Ideal einer gerechten Gesellschaft nach, sagt Löschel. Im Zentrum dessen Überlegungen steht dabei nicht etwa eine ideale Situation, sondern die Frage, wie sich Ungerechtigkeit tatsächlich vermindern lasse. Oder Jeremy Rifkins Buch „Zero Marginal Cost Society", in dem der Autor das Ende der kapitalistischen Marktwirtschaft beschwört. Auch wenn man die Schlussfolgerung nicht teile, so sei es doch eine faszinierende Zukunftsvision, findet Löschel. Und im Energiebereich sind schon die ersten Vorboten dieser Zukunft zu beobachten.

AM RICHTIGEN ORT

*Jörg Rocholl residiert mit einer privaten Management-
Hochschule in Berlin im ehemaligen Staatsratsgebäude der DDR.
Der Pragmatiker liebt es, Politiker zu beraten,
und bangt um die Altersvorsorge der Deutschen.*

Schon der Arbeitsplatz ist bemerkenswert. Auf dem Weg zu
seinem Büro kommt Jörg Rocholl jeden Morgen am früheren Dienstzimmer von Erich Honecker vorbei. Rocholl leitet die Europäische Hochschule für Management und Techno-
logy (ESMT) in Berlin, und aus irgendwelchen Gründen ist diese
2002 gegründete private Wirtschaftshochschule im ehemaligen
Staatsratsgebäude der DDR gelandet. Der heutige Hausherr
nimmt sich gern die Zeit, dem Gast das geschichtsträchtige Haus
aus den Sechzigerjahren oder die Bilder des sozialistischen Re-
alismus' in dem großen Glasfenster im Foyer ausführlich zu erklären.

Neben dem Eingang zur Honecker-Flucht flimmert wie zum
Hohn der sozialistischen Vergangenheit ein Bildschirm mit den
Börsendaten aus Frankfurt. Mit einem Schmunzeln öffnet Rocholl die Tür zum großen Saal mit dem gewaltigen Wappenmo-
saik von Hammer und Zirkel an der Wand, vor dem die Studenten Kapitalmarkttheorien büffeln und das genaue Gegenteil von
dem lernen, was in der DDR als richtig galt. Ein absurdes Ambi-
ente. Steht alles unter Denkmalschutz.

Jörg Rocholl, geboren 1973, ist als Wirtschaftsprofessor nur
schwierig einzuordnen. Ist er Finanzwissenschaftler oder Ma-
nagementlehrer, ist er Theoretiker oder Praktiker? Am einfachs-
ten ist der freundliche Schnellsprecher als ein Politikberater

zu bezeichnen. Er plädiert dafür, mehr wirtschaftlichen Sachverstand in die Politik zu bringen. Grund dafür gibt es genug: Die Finanzkrise, der Euro, das Griechenland-Debakel oder die Debatte über die Zuwanderung. Der ESMT-Präsident wird von der Regierung gerne zurate gezogen. Rocholl sitzt im Beirat des Bundeswirtschaftsministeriums, und zunehmend wird er ins Ausland eingeladen, um Vorträge zu halten. Er war in Ägypten, um in Kairo vor Wissenschaftlern und Politikern darüber zu berichten, wie es die deutschen Unternehmen mit ihrer Führungskultur geschafft haben, gut durch die Finanzkrise zu kommen.

Die akademische Welt des Jörg Rocholl ist praxisnah. Nicht komplizierte theoretische Modelle, die Studenten zum Wahnsinn treiben und Wissenschaftlerkollegen faszinieren, sind sein Thema, sondern konkrete Fragen. Zuletzt war es die Niedrigzinspolitik als Folge der Finanzkrise. „Das ist ein Kernpunkt, der mich umtreibt." Niedrige Zinsen sind für den Staat angenehm, weil sie ihm die Verschuldung erleichtern, aber sie haben gravierende Folgen für die Altersvorsorge. Da die Bundesrepublik ein Land mit einer niedrigen Quote von Hauseigentümern sei und sich die privaten Anleger zudem kaum im Aktienmarkt engagierten, habe sie ein Problem. „Das ist eine soziale Herausforderung", sagt Rocholl, weil diejenigen, die auf Zinsen zur Altersversorgung angewiesen seien, im Moment stärker belastet seien als andere. „Viele Menschen müssen sich fragen, wie sie ihr Alter finanzieren", sagt er. „Es ist gut möglich, dass deshalb bald der Ruf nach dem Staat laut wird."

WAS MAN SAGT, SOLLTE MAN EMPIRISCH BELEGEN KÖNNEN

So gelangt Rocholl zu seinem Kernthema, für das er an seiner Hochschule, die 18 Professoren und etwa 250 Studenten hat, sogar einen eigenen Lehrstuhl innehat: gute und transparente Unternehmensführung. Wo Menschen zunehmend auf den Besitz von Aktien angewiesen sind, brauchen sie die Gewissheit, dass die Aktiengesellschaften keine geheimnisvollen schwarzen Löcher sind, sondern transparent geführte Organisationen, die Werte schaffen. „Man muss breite Teile der Bevölkerung dazu bewegen, ein Aktienportfolio aufzubauen und Unternehmensbeteiligungen nicht als Teufelszeug zu verstehen." Dafür biete Deutschland nach einigen Anstrengungen jetzt gute Voraussetzungen. „Der Zustand der Corporate Governance ist inzwischen gut", sagt Rocholl.

Zur Wirtschaft hat der gebürtige Westfale aus dem Städtchen Soest über den Vater gefunden. Der war Geschäftsführer eines Familienunternehmens. „Wirtschaft hat mich interessiert", sagt Rocholl. Schnell folgte eine internationale Ökonomen-Ausbildung. Erst studierte er an der Privathochschule Witten/Herdecke, doch bald war er in Amerika. Er promovierte an der Columbia-Universität in New York und lernte dort die Nähe von Wirtschaftsprofessoren und Politik kennen. So hatte er es an der Columbia mit dem späteren Wirtschaftsnobelpreisträger Joseph Stiglitz zu tun, der eine Zeit lang den US-Präsidenten Bill Clinton beraten hatte: „Er saß eine Etage über mir." Den Ökonomen Glenn Hubbard, der bei Präsident George W. Bush sogar den Rat der Wirtschaftsberater im Weißen Haus leitete, bezeichnet er als seinen ersten Mentor an der Columbia-Universität. Rocholl lernte in New York, dass in Amerika die Trennung von Politik und Wissenschaft „nicht so streng gesehen wird" wie in Deutschland. Er hat diese Erfahrung zum Beruf gemacht.

Rocholl schaut sich in den großen politischen Debatten dieser Zeit die Fakten an. „Ich bin ein Empiriker", sagt er. Zum Beispiel in der Griechenland-Krise. Damit will er dem verbreiteten Einwand begegnen, Ökonomen seien als politische Berater nicht brauchbar, weil sie so viele unterschiedliche Meinungen hätten. „Man sollte, was man sagt, auch empirisch belegen können." Viel, so beschreibt er, werde darüber gestritten, wohin die Milliarden geflossen sind, die in den zurückliegenden Jahren nach Griechenland überwiesen wurden. Gingen sie an die Banken, an die alten Gläubiger von Staat oder Unternehmen oder an die öffentlichen Haushalte? „Keiner kann die Antwort geben", sagt Rocholl. „Es gibt keine unumstrittenen empirischen Belege." Nach solchen sucht er. Vielleicht sollten die Politiker noch einmal mit Rocholl sprechen, bevor sie weitere Milliarden für das südeuropäische Krisenland lockermachen.

Jörg Rocholl bewahrt sich nicht nur bei ernsten Diskussionen eine Portion Humor. Es ist ihm auch ein persönliches Vergnügen, dem Besucher beim Weggehen noch eine kleine Führung zu geben. Dieses Mal geht es durch den Garten des Ex-Staatsratsgebäudes, auf dessen Rasen Rocholl gelegentlich mit seinen Studenten Fußball spielt. Er kann es sich nicht verkneifen, unter einem Gebüsch einen schweren Eisendeckel anzuheben. Das ist der Notausgang von Honeckers unterirdischem Schutzbunker, der den Staatschef nicht etwa vor fremden Bomben, sondern im Krisenfall vor der eigenen Bevölkerung schützen sollte. Gleich neben dem geheimnisvollen Schacht blühen hochgewachsene Rosenbüsche. Die seien noch Überbleibsel der Gartenarbeit von Margot Honecker persönlich. Politische Realität und wirtschaftliche Theorie liegen bei Jörg Rocholl nah beieinander.

Karl-Heinz Büschemann

ZWEI LIEBLINGSBÜCHER *Unter Adam Smith tut es Jörg Rocholl nicht. Dessen epochales Werk „Wealth of Nations" von 1776 habe ihn zu einem seiner Kernthemen, der Corporate Governance, gebracht, sagt er. Smith behauptete darin, von angestellten Managern könne man kaum erwarten, dass sie über das Geld anderer Leute mit derselben Sorgfalt wachten wie über ihr eigenes. Wichtig ist für den Berliner Ökonomen auch ein Buch von 1973 mit dem Titel „A Random Walk Down Wall Street". Der Autor Burton Malkiel erklärt darin, dass selbst die schlauesten Börsengurus an den Märkten meist nicht besser abschneiden als Fonds, die einen gesamten Index abbilden.*

Man muss breite Teile der Bevölkerung dazu bewegen, ein Aktienportfolio aufzubauen und Unternehmensbeteiligungen nicht als Teufelszeug zu verstehen.

JÖRG ROCHOLL

DER SEITENEINSTEIGER

Achim Wambach hat eigentlich Physik und Mathematik
studiert, dann erst kam er zur Volkswirtschaft.
Schon länger ist er ein wichtiger Politikberater und nun
auch Chef des einflussreichen ZEW-Instituts.

I mmer im Dezember traten Achim Wambach und sein Kollege Axel Ockenfels gemeinsam vor die Studenten der Universität Köln. Die beiden hielten dann eine ungewöhnliche Weihnachtsvorlesung in Mikroökonomik: Wambach gab den Homo oeconomicus, also den kalten Nutzenmaximierer. Ockenfels argumentierte als verständiger Verhaltensökonom, für den Menschen nicht nur egoistisch geleitet sind, sondern auch an andere denken.

Vor gut gefüllten Rängen diskutierten die beiden Ökonomen dann zum Beispiel über Geschenke. „Schenken ist, rein ökonomisch gesehen, ziemlicher Unsinn", sagte beispielsweise Wambach. Es komme zu „Fehlallokationen", Menschen bekämen Geschenke, die sie nicht wollen. Wenn schon schenken, dann am besten Geld. Ockenfels dagegen findet Geschenke toll, sie würden Werte schaffen, denn am Ende haben alle Spaß. Wie hoch her es dabei auch ging, am Ende gingen die Professoren und die Studenten gemeinsam zum Glühweintrinken.

Die Veranstaltung war immer ein großer Erfolg, erzählt Wambach. Doch es wird sie so erst einmal nicht mehr geben. Denn seit Anfang April hat der Ökonom einen neuen Job in Mannheim. Er ist nun Präsident des einflussreichen Wirtschaftsforschungsinstituts ZEW (was für Zentrum für Europäische Wirtschaftsforschung steht) und löst Clemens Fuest ab, der nach München zum Ifo-Institut wechselt und Hans-Werner Sinn nachfolgt.

Wambach, der gebürtige Kölner mit dem rheinischen Singsang und der markanten Brille, hat sich, ziemlich im Verborgenen, schon seit Längerem zu einem der wichtigsten Ökonomen in Deutschland entwickelt. Er ist seit 2014 Mitglied der Monopolkommission, des einflussreichen Beratergremiums der Bundesregierung in Sachen Wettbewerb, seit März 2016 ist er Vorsitzender, nachdem der Jura-Professor Daniel Zimmer den Job im Streit hingeworfen hat. Wambach ist seit 2006 auch Mitglied des wissenschaftlichen Beirats beim Bundeswirtschaftsministerium, von 2012 bis 2015 war er dessen Vorsitzender. Von 2017 an soll er von Monika Schnitzer den Vorsitz des traditionsreichen

Vereins für Socialpolitik übernehmen, einer der größten Verei-
nigungen von Wissenschaftlern überhaupt. Künftig wird er als
ZEW-Präsident also noch mehr in der Öffentlichkeit stehen und
als Politikberater eine starke Rolle spielen.

Dabei ist Wambach von Hause aus gar kein reiner Ökonom.
Er hat in seiner Heimatstadt Köln Physik und Mathematik studiert und anschließend an der Universität in Oxford promoviert.
Dort befasste er sich vor allem mit Elementarteilchen, also den
kleinsten bekannten Bauteilen der Materie. Dann kam (fast) das
große Geld. Viele Kollegen hätten sich für Karriere entschieden,
erzählt Wambach, und seien zu Investmentbanken in London
gewechselt. Keine schlechten Aussichten, dachte er sich, wollte
es vorher noch einmal kurz mit den Wirtschaftswissenschaften versuchen. Er ging für ein Jahr an die renommierte London
School of Economics.

Noch heute schwärmt er von dieser Zeit. „Die Volkswirtschaft war damals an der LSE für mich so faszinierend, dass
ich hängengeblieben bin. Man lernt jede Woche etwas, das
einen überrascht." Wambach blieb der Volkswirtschaft treu,
machte einen Master of Science in Economics und wechselte
1995 nach München an die Ludwig-Maximilians-Universität.
Dort wird er habilitiert. Sein Thema: Ob und wie Versicherungen Informationen aus Gentests ihrer Versicherten nutzen
sollten. Das ist heute aktueller denn je, da die Assekuranz immer mehr auf die Daten ihrer Kunden zurückgreifen will. Von
2001 bis 2005 war er dann Professor für Volkswirtschaftslehre an der Universität Erlangen-Nürnberg, kehrte schließlich
nach Köln in die Heimat zurück – wenn auch nicht an die Hei-
matfakultät, an der er einst seine Hochschulkarriere als Student begonnen hatte.

Bis Frühjahr 2016 war er in Köln Direktor des Instituts für
Wirtschaftspolitik und Co-Direktor des Europäischen Zentrums
für freie Berufe, bevor er einen Ruf ans ZEW bekam. In seiner
Forschung beschäftigte sich Wambach bislang mit Informati-
onsproblemen auf Märkten. Er kümmerte sich um Auktions-,

Energie- und Telekommunikationsmärkte, aber auch um die Bereiche Versicherungen und Gesundheit.

„Man muss sich die wissenschaftliche Exzellenz erarbeiten, um dann mit diesem Wissen in die wirtschaftspolitische Beratung hineingehen zu können", sagt Wambach. Auf ihn trifft das jedenfalls zu, einen guten Teil seiner Arbeitszeit verwendet er auf Beratung. In Sachen Monopolkommission ist er mindestens einen Tag im Monat unterwegs, oft auch mehr. Der Beirat beim Wirtschaftsminister trifft sich fünfmal im Jahr, dazu kommen Arbeitsgruppen. In den Talkshows zu Griechenland und den anderen Themen sitzt er dagegen bislang nicht – anders als etwa die Professoren-Kollegen Sinn oder Fuest. Einer der Gründe: Wambach hält nicht viel von Polarisierung. „Bei vielen Teilgebieten der VWL gibt es keine rechte oder linke Wirtschaftswissenschaft. Das ist wie in der Physik: Da gibt es keine Päpste, die Sache ist entweder richtig oder falsch", sagt er. Die Frage ist, ob er sich als ZEW-Präsident künftig noch so zurückhalten wird.

Als Wambach im März 2016 seinen Arbeitsvertrag als ZEW-Präsident unterschrieb, sagte er jedenfalls, die Mittlerrolle des ZEW zwischen Wissenschaft und Politik müsse gestärkt werden. Europa stehe vor großen Herausforderungen und Umbrüchen. Die Wissenschaft könne mit ihrem Sachverstand die Diskussionen auf eine sachliche Ebene bringen, das ZEW werde dabei seinen Beitrag leisten. Und er will Marktdesign als neuen Forschungsbereich aufbauen. Im Vergleich zum angelsächsischen Raum habe Deutschland hierbei noch Nachholbedarf, so Wambach. Der Forschungsbereich Marktdesign untersucht unter anderem, wie Märkte aufgebaut sein müssen, um effizient zu funktionieren. Er beschäftigt sich etwa mit der Rolle des Staates bei der Energiewende und mit Regeln für den Verkauf von CO_2-Lizenzen. Das ist ganz nach seinem Geschmack.

Als gelernter Physiker ist Wambach ergebnisorientiert, er wirkt (bisher) sehr hinter den Kulissen, zum Beispiel in der Monopolkommission. Das Gremium mit Geschäftsstelle und Mitarbeiterstab in Bonn erstellt für die Politik Gutachten, etwa

Man muss sich die wissenschaftliche Exzellenz erarbeiten, um dann mit diesem Wissen in die wirtschafts- politische Beratung hineingehen zu können.

ACHIM WAMBACH

zur Post, zur Bahn oder zur Lage auf den Telekommunikations-
märkten. Diese erregen oft Aufsehen. Im März 2016 hatte die
Kommission – zwei Professoren und drei Vertreter aus der Wirtschaft – den mangelnden Wettbewerb bei der Bahn gerügt. Im
Sommer 2015 nahmen Wambach und seine Kollegen zum Fall
Tengelmann-Edeka Stellung. Der Handelskonzern aus Mülheim
wollte gut 450 Filialen der Marken Tengelmann und Kaiser's an
Edeka abgeben, die sind in Deutschland mit Abstand Marktfüh-
rer. Das Bundeskartellamt untersagte die Fusion, die Beteiligten
beantragten daraufhin eine sogenannte Ministererlaubnis. Die
Monopolkommission hatte dazu ein Gutachten erarbeitet – und
riet Wirtschaftsminister Sigmar Gabriel (SPD) dringend zu einer
Ablehnung, der aber setzte sich darüber hinweg. Der Chef der
Monopolkommission trat deshalb zurück, Wambach übernahm
den Job. Es sind solche Fälle, die Aufsehen erregen. „Die Monopolkommission ist eine tolle Institution", schwärmte Wambach
zuletzt. Jetzt wird er noch mehr Arbeit haben.

Aber auch in der Praxis ist er zu Hause. In seiner Münchner
Zeit hatte er einst die Beratungsfirma TWS Partners mitbegrün-
det, dort ist er nun Aufsichtsrat. Das Unternehmen entwickelt
für Kunden spieltheoretisch fundierte Verhandlungsstrategien
und berät bei Auktionen, etwa bei der Vergabe der Telekommu-
nikationslizenzen. TWS hat heute immerhin 50 Mitarbeiter

Caspar Busse

*ZWEI LIEBLINGSBÜCHER Achim Wambach nennt „Auction Theory"
von Vijay Krishna, einem Wirtschaftsprofessor an der US-Universität
Penn State und Experte für Auktionsmärkte. Es zeige, warum Marktdesign ein faszinierendes Forschungsfeld sei. Als populär stuft er
„The Second Machine Age: Wie die nächste digitale Revolution unser
aller Leben verändern wird" von Erik Brynjolfsson und Andrew McAfee
ein, einen Bestseller über die Folgen der digitalen Ökonomie für die
Gesellschaft.*

Wenn Forscher es bunt treiben

VERHALTENSFORSCHUNG
UND WIRTSCHAFTSSOZIOLOGIE

DIE NEUE OFFENHEIT

*Die Ökonomik hat die Schnittmengen mit anderen Disziplinen
längst wiederentdeckt – Ökonomen, Soziologen und Psychologen
forschen heute wie selbstverständlich gemeinsam. Das hat die
Wissenschaft entscheidend weiterentwickelt.*

D ie Erinnerung an Adam Smith beschränkt sich meist auf
seine wichtigste Lebensleistung. Er gilt als Begründer der
klassischen Nationalökonomie und damit als Vater der
Ökonomik als Wissenschaft. Sein Name ist stets eng verbunden
mit seinem Hauptwerk, dem „Wohlstand der Nationen", erstmals erschienen 1776, ein Buch, das die Wirtschaftswissenschaft
auf Jahrhunderte verändern sollte. Zentraler Bestandteil seiner
Theorie darin ist die Frage nach dem gesellschaftlichen Glück:
Es werde maximiert, wenn jeder Einzelne innerhalb der ihm ge-
setzten Grenzen versucht, sein persönliches Glück zu erhöhen.
Die „unsichtbare Hand" – ein geflügeltes Wort, bis heute fest
verankert im öffentlichen Bewusstsein – des Marktgeschehens
sorgt dafür, dass der gesamte Wohlstand einer Gesellschaft dabei wächst.

Smith gilt damit zu Recht als Vordenker der Logik offener
Märkte: Menschen, die im freien Wettbewerb zum eigenen Vor-
teil wirtschaften, tragen mehr zum gesellschaftlichen Glück und
Reichtum bei, als wenn sie diesen direkt zu erhöhen versuchen.
Smith hatte damit dem eigenwilligen Homo oeconomicus schon
den Boden bereitet.

Aus heutiger Perspektive wird oft vergessen, dass Smith zu-
vorderst Moralphilosoph war. Als solcher interessierte er sich für
die Beweggründe, aus denen Menschen handeln, für ihre Gefühle

und Wertvorstellungen – kurz: für die Psychologie. Bereits 1759 arbeitete er in seinem Werk „Theorie der ethischen Gefühle" (original: „The Theory of Moral Sentiments") ein Bild vom Wesen des Menschen aus und beschäftigte sich mit der Frage, wie Mitgefühl entsteht. Von Immanuel Kant ist überliefert, dass er das Werk sehr geschätzt habe. Smith war bewusst, dass Menschen Sympathie und Antipathie in ihre Entscheidungen mit einbeziehen. Er konstruiert einen fiktiven „unparteiischen Beobachter", mit dem er die Entstehung moralischer Regeln erklärt: Das Tun eines Menschen wird danach beurteilt, ob es auf anständigen Motiven gründet – Eigennutz als Motiv reicht nicht aus. So wie sie andere beobachten und beurteilen, bewerten Menschen auch ihr eigenes Handeln.

Schon im ersten Kapitel heißt es: „Mag man den Menschen für noch so egoistisch halten, es liegen doch offenbar gewisse Prinzipien in seiner Natur, die ihn dazu bestimmen, an dem Schicksal anderer Anteil zu nehmen. Und die ihm selbst die Glückseligkeit dieser anderen zum Bedürfnis machen, obgleich er keinen anderen Vorteil daraus zieht, als das Vergnügen, Zeuge davon zu sein."

Wenn man nach den Begründern der modernen Verhaltensökonomik sucht, wenn man fragt, wann denn Soziologie und Ökonomik ihre Berührungsängste wieder überwunden haben, dann hat Adam Smith auch dafür schon die Grundlage geschaffen.

Es hat nur sehr lange kaum jemanden interessiert. In der zweiten Hälfte des 19. Jahrhunderts beendeten Wissenschaftler wie Léon Walras und Alfred Marshall mit der neoklassischen Theorie die Ära der klassischen Nationalökonomie. Irgendwann im Lauf dieses Prozesses ist die bei den britischen Vordenkern noch selbstverständliche enge Verbindung von Ökonomik und (Sozial-)Psychologie gelöst worden, bis die Psychologie in der Mitte des 20. Jahrhunderts keinen Platz mehr in der Wirtschaftsforschung hatte. Die Wirtschaftswissenschaft bekam nach und nach einen vielmehr naturwissenschaftlichen Anstrich; die Neoklassik beherrscht bis heute weite Teile der Wirtschaftstheorie. Insbesondere in der Lehre.

Heute forschen sie wieder zusammen, heute schreiben Soziologen gemeinsam mit Ökonomen, Psychologen und Naturwissenschaftlern Papiere; Ökonomen wie der Kölner Professor Axel Ockenfels, der Berliner Forscher Georg von Weizsäcker oder der Bonner Ökonom Armin Falk lassen sich von den Erkenntnissen verwandter Wissenschaften inspirieren. Die jahrzehntelang feststehenden Schranken zwischen den Fächern der Gesellschaftswissenschaften sind wieder offen. Wissenschaftler wie Jens Beckert vom Kölner Max-Planck-Institut für Gesellschaftsforschung oder Till van Treeck von der Universität Duisburg-Essen bezeichnen sich als Sozialökonomen.

Sie alle stehen beispielhaft für eine Rückbesinnung auf die Schnittmengen, die es zu Smiths Zeiten schon gegeben hatte. Es waren zunächst Psychologen, die die alten Bande wieder aufleben ließen. 1979, mehr als 300 Jahre nach der Erstauflage von Smiths Hauptwerk, veröffentlichten der israelisch-amerikanische Psychologe Daniel Kahnemann und der israelische Kognitionsforscher Amos Tversky ihren Aufsatz „Prospect Theory: An analysis of decision under risk" (zu deutsch etwa: „Neue Erwartungstheorie: Eine Analyse der Entscheidung unter Unsicherheit") im Fachjournal *Econometrica* – einem der wichtigsten Journale der ökonomischen Wissenschaften. In dem Aufsatz arbeiten sie mit der Prospect Theory eine realistischere Alternative zur neoklassischen Erwartungsnutzentheorie aus, nach der Menschen als Homines oeconomici bei ihren Entscheidungen stets perfekt informiert und rational Kosten und Nutzen abwägen.

Kahnemann und Tversky konnten zeigen, dass Menschen sich unterschiedlich entscheiden, je nachdem, in welcher Form ihnen Handlungsoptionen dargestellt werden, und sprachen von einer „Inkonsistenz der Präferenzen". Individuen entscheiden unter Unsicherheit eben nicht immer rational, sondern sind zahlreichen kognitiven Verzerrungen ausgesetzt. So wenden sie etwas mehr Mühe zur Vermeidung von Verlusten auf als zur Erzielung von Gewinnen. Heute gilt das Werk der Psychologen als bahnbrechende Abrechnung mit dem in der Wirtschaftswissen-

schaft vorherrschenden Modell menschlicher Akteure. Kahnemann erhielt 2002 als erster Psychologe überhaupt den Nobel-
Gedächtnispreis für Wirtschaftswissenschaften. Amos Tversky
war zu dem Zeitpunkt bereits verstorben.

Ohne die Etablierung der Spieltheorie als mathematisch-
theoretisches Teilgebiet der Wirtschaftswissenschaften aber
wäre diese Rückbesinnung nicht möglich gewesen. „Die ökonomische Verhaltensforschung und die Spieltheorie haben tiefe
deutsche Wurzeln", bemerkt dazu Alvin E. Roth, Wirtschaftsprofessor in Stanford und einer der Erfinder der jungen Disziplin
des Marktdesigns. Er spricht damit den Werdegang und die
Bedeutung von Reinhard Selten an, der im Jahr 1994 als bislang
einziger Deutscher zusammen mit John Nash und John Harsa-
nyi den Wirtschaftsnobelpreis für deren gemeinsame Leistungen auf dem Gebiet der Spieltheorie erhielt. Sieben weitere Male
wurde der Preis für spieltheoretische Arbeiten verliehen.

Die Spieltheorie modelliert Entscheidungssituationen und
Interaktionen von Menschen als Spiele, in denen die eigene
Handlung von der (erwarteten) Handlung der anderen beteiligten Personen abhängt. „Spieltheoretische Grundkenntnisse
gehören heute zum selbstverständlichen Instrumentarium des
Wirtschaftstheoretikers", schreibt Reinhard Selten in einem
2001 erschienen Aufsatz. Das war zu dieser Zeit zumindest in
Deutschland noch keine Mehrheitsmeinung. „Wir stehen jetzt
vor der Aufgabe, aus der experimentellen Forschung heraus eine
deskriptive Spieltheorie zu entwickeln, die eingeschränkt ratio-
nales strategisches Verhalten realistisch beschreibt."

Genau daran arbeiten einige der auf den folgenden Seiten
vorgestellten Wissenschaftler. Das theoretische Fundament
dazu finden sie in der Spieltheorie und den Erkenntnissen der
ökonomischen Verhaltensforschung, die praktische Umsetzung
geschieht im Labor. So ließen Armin Falk und Nora Szech Probanden in einem Experiment – mal individuell, mal als Marktteilnehmer – entscheiden, ob sie das Leben einer Maus retten
oder Geld erhalten und die Maus töten wollten. Märkte, so die

grundsätzliche Erkenntnis, können unmoralisches Verhalten fördern. „Interaktionen auf Märkten zeigen relativ zu individuell geäußerten Präferenzen eine Tendenz, seine moralischen Werte zu senken", schreiben die Forscher. Das Papier ist nebenbei ein gutes Beispiel dafür, wie die Wirtschaftswissenschaft ihre Grenzen testet: Es erschien nicht in irgendeinem ökonomischen Fachjournal, sondern im Wissenschaftsmagazin *Science*.

Jens Beckert, der Direktor am Max-Planck-Institut, beschäftigt sich im Kontrast dazu am liebsten aus einer soziologischen Perspektive mit Märkten, die zu Übertreibungen neigen: Warum kostet eine Flasche Wein Tausende Euro, andere aber nur einen Bruchteil davon? Wie sind Exzesse auf dem Kunstmarkt zu erklären? Wissenschaftler wie er oder Till van Treeck erinnern gern daran, dass die Wirtschaftswissenschaft allein selbst mit ihren neuesten Methoden ihre Unzulänglichkeiten in der Rekonstruktion menschlichen Verhaltens bislang nicht überwinden kann. Beckerts Forschungsgebiet heißt „Neue Wirtschaftssoziologie" – es ist der Versuch, mit den Methoden der Soziologie die Lücken zu füllen, die die Wirtschaftswissenschaft bei der Erklärung menschlichen Verhaltens hinterlässt.

Ebenfalls in Köln hat Axel Ockenfels vor einiger Zeit das Center for Social and Economic Behavior gegründet, dessen Anspruch schon im Namen deutlich wird: Er und seine Kollegen schaffen eine Synthese der ökonomischen Verhaltensforschung und der sozialen Kognitionsforschung. Ockenfels ist Vorstandssprecher, sein Vize ist der Sozialpsychologe Thomas Mussweiler. Die behandelten Fragestellungen reichen von abstrakten Größen wie Selbsteinschätzung und Selbstkontrolle bis hin zum Entstehen politischer Überzeugungen und dem sozialen Verhalten in Unternehmen.

Es scheint ein Punkt erreicht zu sein, an dem sich die Gesellschaftswissenschaften nicht mehr nur aufeinander zubewegen, sondern ihre Unterschiede ausnutzen und überwinden. Adam Smith, das darf man annehmen, wäre zufrieden.

Jan Willmroth

VON MÄUSEN UND MENSCHEN

*Für den Ökonomen Armin Falk gilt in der Forschung
nur ein Kriterium: spannend oder nicht?*

U nd was, bitte schön, hat das jetzt mit Ökonomie zu tun? Es dauert nicht lange, bis diese Frage auftaucht, wenn Armin Falk über seine Arbeit spricht. Wenn er erklärt, dass Kinder starke Vorbilder brauchen, damit sie ihren Optimismus behalten, damit sie geduldig werden und beharrlich. Oder wenn er sich fragt, warum Menschen sich eigentlich manchmal moralisch verhalten und manchmal so gar nicht.

Armin Falk, Jahrgang 1968, ist Ökonom, ein vielfach ausgezeichneter und renommierter Ökonom. Er ist Direktor des Bonner Center for Economics and Neuroscience, er hat den Gossen-Preis und den Yrjö-Jahnsson-Preis erhalten, also den wichtigsten Ökonomen-Preis in Deutschland und den wichtigsten in Europa. Die Frage, ob er nicht hin und wieder die Grenzen seines Fachs überschreitet, wischt er freundlich vom Tisch: „Die Frage ist irrelevant. Das einzige Kriterium für mich ist: interessant oder nicht?" Wer anderes behauptet? „Ist ein Langweiler. Wenn wir immer auf die gehört hätten, wäre die Ökonomie heute noch da, wo sie vor hundert Jahren stand." Und überhaupt, Fragen nach Chancengleichheit oder nach Moral und Unmoral, das sei Ökonomie durch und durch. Zum Beispiel die Sache mit den Mäusen. Vor einigen Jahren mietete Falk sechs Säle in der Bonner Beethovenhalle und setzte ein paar Hundert Studenten vor Laptops. Zunächst sahen die Studienteilnehmer ein Video: Eine Maus wird vergast, kämpft mit dem Tod, stirbt schließlich. Alltag in deutschen Labors, die nicht jede Versuchsmaus, die nicht mehr gebraucht wird, bis zu ihrem natürlichen Tod durchfüttern wollen. Schön anzusehen ist es trotzdem nicht.

Als nächstes wurde jedem Teilnehmer die Verantwortung für eine Maus zugeteilt. Nicht simuliert, nicht theoretisch, sondern ganz konkret: Wenn der Proband es so will, lebt die Maus bis an ihr natürliches Ende. Will er es nicht, stirbt sie. Und zwischen diesen beiden Möglichkeiten: zehn Euro. So viel bot Falk jedem Teilnehmer, der seine Maus zum Tode verurteilte. Zehn Euro, auch für Studenten keine große Sache.

Ein typischer Falk, dieser Versuchsaufbau. Statt sich an Theorien abzuarbeiten, wird er handfest. Statt in vor Jahrzehnten gemauerten Gedankengebäuden herumzuschleichen, stellt er grundlegende Fragen, welche die Ökonomie lange Zeit verachtete. Und findet einen Versuchsaufbau, der Antworten liefert.

In diesem Fall lautet die Antwort: 46 Prozent. So viele Teilnehmer der Studie waren bereit, eine Maus für zehn Euro zu opfern. Das Geld korrumpiert den Menschen, so weit, so klar. Aber Falk hat noch weitere Erklärungen: Wer sich für das Geld entschied, musste die Maus nicht mit eigener Hand töten. Eine ähnliche Distanz habe der Käufer eines Billig-T-Shirts zu seinen Opfern, den ausgebeuteten Näherinnen in Asien. Falk nennt sie ausdrücklich so: die Käufer und ihre Opfer. Und dann sind da noch all die anderen Studenten in der Konzerthalle, die gerade die zehn Euro kassieren. Das Wissen, das andere auch so handeln, erleichtert es dem Menschen enorm, eine unmoralische Handlung zu vollziehen.

DER MARKT VERLEITET MENSCHEN, UNMORALISCH ZU HANDELN

Dann ging Falk einen Schritt weiter. Er kreierte eine Marktsituation, in der die Teilnehmer entweder als Käufer oder Verkäufer agieren sollten. Jeder Verkäufer bekam die Verantwortung für eine Maus, jeder Käufer 20 Euro. Wie an einer Börse konnten die beiden Seiten nun miteinander handeln. Kam ein Geschäft zustande, erhielt der Käufer den ausgehandelten Preis, der Verkäufer durfte den Rest der 20 Euro behalten. Die Maus starb.

Die Teilnehmer wurden ausdrücklich darauf hingewiesen, dass sie nicht handeln mussten. In dem Fall blieb die Maus am Leben. Doch das war nicht vielen vergönnt: 75 Prozent der Teilnehmer entschieden sich für das Geld. Der Markt verleitete also wesentlich mehr Menschen dazu, sich unmoralisch zu verhalten. Und nicht nur starben viel mehr Mäuse als in der ersten Runde des Experiments. Statt zuvor zehn Euro war das Leben einer Maus nun im Durchschnitt nur noch 6,40 Euro und in späteren Runden sogar nur noch fünf Euro wert. (Übrigens retteten Armin Falk und seine Kollegen mit diesem Experiment unter dem Strich Mäuseleben, denn ohne den Versuch wären alle Tiere getötet worden.)

In den Tagen danach erschraken einige Teilnehmer über ihr eigenes Verhalten. Wer glaubt schon von sich selbst, dass er das Leben eines Tieres für den Preis einer Schachtel Zigaretten opfern würde? Genau so, wie die meisten Menschen wohl Tierquälerei und die Ausbeutung von Arbeitern ablehnen. Und dann doch das Billig-Schnitzel und den Discounter-Pulli kaufen. Es ist die Marktsituation, die es Menschen möglich macht, ihren eigenen Ausreden zu glauben: Wenn ich's nicht tue, tut's ein anderer. Die Behörden werden die Sache schon im Blick haben. Ich zahle so hohe Steuern, da ist es ja eigentlich Notwehr.

Man braucht nicht viel Fantasie, um sich auszumalen, dass solche Forschung Aufsehen erregt – und Widerstand. Naivität und Idealismus wurden Falk vorgeworfen. Doch Fehler in seiner Forschung fand niemand.

Nicht in den Arbeiten über die menschliche Moral und auch nicht in denen über die wachsende Ungleichheit in Deutschland. In einer einzigartigen Langzeituntersuchung beobachten Falk und seine Kollegen, wann soziale Ungleichheit im Leben eines Kindes entsteht – und warum. Die Ergebnisse sollen helfen, die Sozialarbeit auf ein festeres, wissenschaftlich solides Fundament zu stellen. Denn erste Ergebnisse legen schon jetzt nahe, dass minimale Hilfestellung im frühen Leben von Kindern aus schwierigen Verhältnissen grundlegende Auswirkungen haben kann. Das würde vielleicht sogar einen Teil der teuren späteren Reparaturmaßnahmen überflüssig machen – Hartz IV, Eingliederungshilfen, Lohnsubventionen.

„Mir geht es nicht darum, meine Meinung zu bestätigen, sondern darum, die Welt aufzuklären", sagt Falk. Die Welt aufklären, damit vielleicht sogar einmal das Leben der Menschen besser wird – ein Anspruch, von dem die Ökonomie sich lange

Mir geht es nicht darum, meine Meinung zu bestätigen, sondern darum, die Welt aufzuklären.

ARMIN FALK

Zeit zurückgezogen hatte, weil sie sich lieber in Theorien und mathematischen Formeln vergrub. Das sagt Falk nicht so, aber er meint es wohl und schiebt deshalb gleich hinterher, er wolle nicht überheblich sein, auch die theoretische Forschung könne wichtig und interessant sein.

Insgesamt aber müssten die Ökonomen sich viel stärker einmischen in Debatten über Moral und Ethik. Für Falk wäre das nichts Neues. Schon Adam Smith habe schließlich mit „Der Wohlstand der Nationen" nicht nur das Standardwerk der Ökonomie geschrieben, sondern mit „Theorie der ethischen Gefühle" auch eine philosophische Abhandlung über das menschliche Mitgefühl.

Dabei wäre Falk ganz zu Beginn seiner Karriere fast an den Dogmen seiner Zunft gescheitert. Er spricht nicht mehr gerne darüber, weil es, wie er einmal mehr fürchtet, überheblich klinge: Eine Diplomarbeit über die „Ökonomie des Vertrauens"? Unvorstellbar in den frühen Neunzigerjahren. Als er keinen Lehrstuhl fand, der die Arbeit annehmen wollte, schrieb Falk stattdessen über neue Instrumente der Geldpolitik in Kanada. Langweilig, wie er selbst sagt, aber akzeptiert.

Das soll ihm nicht noch einmal passieren. Bevor er noch einmal ein Thema nicht aus Interesse angehe, sondern aus Karrieredenken, höre er lieber auf und mache etwas ganz anderes. Interessante Aufgaben gibt es schließlich genug für einen Ökonomen. *Malte Conradi*

ZWEI LIEBLINGSBÜCHER Schon beim Gespräch in seinem Bonner Büro zitiert Armin Falk aus den beiden Werken. Und ein paar Tage des Nachdenkens später nennt er sie wieder als seine wichtigsten Empfehlungen: Friedrich Nietzsches „Zur Genealogie der Moral", weil Sprache und Radikalität des Denkens überwältigend seien. Und Max Webers „Wissenschaft als Beruf", das man – nicht nur als Wissenschaftler – am besten mehrmals lesen solle. Weil es daran erinnert, um was es geht im Leben: Etwas Bedeutsames zu machen.

DIE MAUER MUSS WEG

Axel Ockenfels hat die Grenzen seines Fachs nie akzeptiert.
Deshalb überschreitet er sie konsequent.

Rampenlicht wäre zu viel gesagt, das stünde ihm auch nicht. Aber es sieht schon eindrucksvoll aus, wie Axel Ockenfels da ausgeleuchtet unter dem Kreuzgewölbe zwischen den polierten Säulen im Fürstensaal der Staatsbibliothek steht. Die letzten Gäste haben keine Sitzplätze mehr bekommen, als der Professor aus Köln seinen Vortrag einleitet: „Ich möchte Sie heute mitnehmen auf eine Reise an die Spitze der ökonomischen Verhaltensforschung", sagt er, und es klingt, als werde er gleich fremde Planeten auf der Leinwand zeigen. Hunderte Menschen wollen sich auf diese Reise begeben, viele ältere Münchner, einige Professoren, Studenten und Lehrstuhlmitarbeiter. Den meisten von ihnen dürfte tatsächlich fremd sein, was Ockenfels über Funkfrequenzauktionen, Marktversagen und Bewertungssysteme auf Online-Plattformen zu erzählen hat.

Zunächst spricht er aber über Fußball, denn den Kern der Spieltheorie versteht dabei jeder: Wohin soll der Profi beim Elfmeter schießen? Er weiß, dass der Torhüter seine starke Seite kennt, also wird er bei seiner Entscheidung die Strategie des Torwarts berücksichtigen. Der wiederum antizipiert diese Überlegungen des Schützen, und so weiter. „Beim Elfmeter können wir nahezu perfekt zufälliges Verhalten beobachten", sagt Ockenfels, „zumindest bei Profis." Auf Märkten ist das anders.

Ins Scheinwerferlicht stellt sich Ockenfels ansonsten selten. Er sitzt nicht in Talkshows, äußert sich selten zu wirtschaftspolitischen Themen, er drängt nicht in einflussreiche Positionen.

Und doch ist er einer der wichtigsten deutschen Ökonomen unserer Zeit. Er sei einer der „Pioniere des Marktdesigns", sagt der Wirtschafts-Nobelpreisträger Alvin Roth von der Stanford University über seinen Kollegen, einer der Pioniere also im vielleicht komplexesten Feld der Ökonomik überhaupt. Dabei geht es nicht mehr nur um Märkte und Preise, sondern um Vertrauen, Kooperation, Konfliktmanagement oder künstliche Intelligenz – Größen, die in der traditionellen ökonomischen Forschung nie darstellbar waren.

DER HOMO OECONOMICUS WÜRDE NICHT TEILEN – MENSCHEN SCHON

Wenige Stunden vor seinem Auftritt in München spaziert Axel Ockenfels durch den Nieselregen, legt in einem Café seine grüne Outdoor-Jacke ab und wischt die kleinen runden Gläser seiner Metallbrille trocken. „In der Wirtschaftswissenschaft ist ein Ingenieurszweig praktisch nicht existent. Ich bin davon überzeugt, dass wir einen brauchen", sagt er. Wenn man so will, war er einer der ersten Ingenieure seines Fachs. Einer, der stets nach den entscheidenden kleinen Fehlern sucht, wenn ein Markt nicht funktioniert. „Ökonomen streben nach größtmöglicher Allgemeinheit, das beherrscht die Forschung", sagt Ockenfels, „im Economic Engineering sind aber Details wichtig."

Heute verstehen Ökonomen immer besser, welche Details das sind. Ockenfels untersucht, wie man sie so verbessern kann, dass bessere Ergebnisse herauskommen – gemeinsam mit Psychologen, Biologen, Spieltheoretikern und Sozialwissenschaftlern. Konsequent arbeitet er mit Kollegen aus anderen Fachbereichen zusammen, immer an praktischen Problemen orientiert und nie dogmatisch verbohrt. Für viele Ökonomen wäre die fehlende Abgrenzung unvorstellbar. Für Ockenfels ist sie unverzichtbar. „Die Wirtschaftswissenschaft ist eine der am meisten abgeschotteten Disziplinen. Ich habe das nie akzeptiert", sagt er.

Ockenfels, geboren 1969, ist schon seit vielen Jahren Lehr-
stuhlinhaber und in Ranglisten stets einer der meistzitierten
deutschen Wirtschaftsforscher. Das hat mit Glück zu tun und
seiner Beharrlichkeit, vor allem aber damit, dass er sich schon
früh traute, die Grenzen des Fachs zu überschreiten. Glück,
weil er sich für seine Diplomarbeit vom damaligen Professor
Reinhard Selten zu seinem ersten Experiment überreden ließ.
In der Mensa seiner Universität in Bonn simulierte er ein Ge-
winnspiel und wies nach, dass die Gewinner überwiegend bereit waren, den Verlierern einen Teil ihrer gewonnenen zehn
Euro abzugeben. In der klassischen ökonomischen Theorie
wäre das unsinnig: Der perfekt rationale Homo oeconomicus
würde nicht teilen, wenn er seinen Nutzen maximieren will.

VERHALTENSFORSCHUNG GEHÖRT HEUTE ZUM MAINSTREAM

Das war 1994, die ökonomische Verhaltensforschung entstand
gerade erst, Experimente mit Probanden galten als unseri-
ös. Reinhard Selten erhielt zu dieser Zeit als bislang einziger
deutscher Forscher den Wirtschaftsnobelpreis. Ockenfels bot
er an, die Ergebnisse der Diplomarbeit gemeinsam zu veröf-
fentlichen. Es dürfte kaum einen besseren Start für eine Öko-
nomenkarriere geben, als die frühe Förderung durch einen
Nobelpreisträger.

Wenn Ökonomen heute zugeben, dass der Homo oeconomicus und perfekt funktionierende Märkte nützliche, aber unrealis-
tische Modelle sind, haben sie das auch den Erkenntnissen von
Ockenfels zu verdanken. Als im Jahr 2000 sein wegweisendes
Papier „ERC – A Theory of Equity, Reciprocity and Competition"
erschien, war die Aussage noch außergewöhnlich, dass es die
Motivation der Menschen beeinflusst, wie sie relativ zu anderen stehen – und der junge Forscher wurde arg angefeindet für
seinen experimentellen Ansatz. Stanford-Professor Alvin Roth
hatte ihn gewarnt: Es sei extrem schwierig, mit Experimenten
in die großen Journale zu kommen. Wenig später erlebte die

ökonomische Verhaltensforschung einen Boom. „Der Hype ist bereits wieder abgeklungen", sagt Ockenfels, „heute gehört sie zum Mainstream und beinahe so wie die Statistik zu jeder modernen Wirtschaftsfakultät."

Zur Lösung jener Probleme, die Ockenfels heute beschäftigen, reichen Verhaltensforschung und Spieltheorie auch nicht mehr. Aus dem Labor für Wirtschaftsforschung, das er in Köln mit aufgebaut hat, ist ein Exzellenzzentrum für soziales und ökonomisches Verhalten geworden, das inzwischen mehr als hundert Wissenschaftler beschäftigt. Ökonomen, Betriebswirte, Sozialwissenschaftler und Psychologen forschen dort gemeinsam, die Zahl der Publikationen ist schon jetzt beachtlich, die Grenzen ihrer Fachbereiche verschwimmen zusehends. Für einen kurzen Moment ist da ein Anflug von Stolz in seinem Gesicht zu erkennen, als Ockenfels von dem Plan erzählt, Köln zu einem international bekannten Forschungsstandort zu machen. Das, sagt er, sei ihm wirklich wichtig. Im Lauf der Jahre schlug er mehrere Angebote renommierter Universitäten in den USA aus, um die ökonomische Spitzenforschung in seine Heimat zu holen, anstatt ihr ins Ausland zu folgen. Man müsse nicht Tür an Tür mit Amerikanern leben, um mit ihnen zu arbeiten, hat Ockenfels einmal erzählt.

Besuchen muss man sie aber bisweilen. Von Februar 2015 an verbrachte er ein halbes Jahr in Stanford, bei den besten Marktdesignern der Welt, an einer der Kaderschmieden des Silicon Valley. Dort, wo die digitale Revolution begann, sind Menschen wie Ockenfels besonders gefragt. „Wenn man sehen will, wie Interdisziplinarität funktionieren kann, hat man dort das beste Anschauungsmaterial", sagt er. „Es ist die kompromisslose Suche nach der besten Problemlösung, ohne Rücksicht auf Disziplin und Status, die den Unterschied macht."

Sein Herzensthema ist die Frage, wie Klimaverhandlungen aussehen müssten, damit es zu einer internationalen Kooperation kommt. Das Problem treibt ihn seit Jahren um. Die Zeit in Stanford nutzte er auch, um mit mehreren Nobelpreisträgern ein Symposium zu verfassen. Ob den Forschern eines Tages der Durchbruch gelingt, ist völlig offen. Die intensive Arbeit an dem Thema aber sagt viel über Ockenfels aus: Erst wenn sich Erkenntnisgewinne in bessere Märkte, Institutionen und Strategien übersetzen lassen, hat die Forschung für ihn wirklich einen Sinn. Ökonomen sind eben heimliche Weltverbesserer.

Jan Willmroth

ZWEI LIEBLINGSBÜCHER Es überrascht nicht, dass Axel Ockenfels ein Werk seines langjährigen Mentors empfiehlt. „Ein nagelneues Buch meines Kollegen Alvin Roth über das Design von Märkten, die unser Schicksal zutiefst beeinflussen", beschreibt er das Sachbuch „Who Gets What – and Why: The New Economics of Matchmaking and Market Design". Roth beschäftigt sich darin mit Märkten, auf denen nicht der Preis eines Gutes entscheidend ist, sondern die gegenseitige Auswahl von Anbieter und Nachfrager – etwa bei Organspenden. Lindgrens Kinder aus Bullerbü muss man wohl nicht mehr vorstellen: „Meine drei Kinder lieben dieses Buch, und ich liebe es, ihnen das Buch vorzulesen."

Die Wirtschaftswissenschaft ist eine der am meisten abgeschotteten Disziplinen. Ich habe das nie akzeptiert.

AXEL OCKENFELS

DASINDIVIDUUMISTNICHTGENUG

Wie kommt es zustande, dass ein simples Kunstwerk Millionen Euro kostet? Allein mit den Methoden der Ökonomik, glaubt Jens Beckert, lassen sich solche Fragen nicht beantworten. Deshalb sucht der Wirtschaftssoziologe andere Erklärungen.

J ens Beckert interessiert sich für die einfachen Fragen. Etwa: Wie kann es sein, dass die eine Flasche Wein 1,50 Euro, eine andere aber 200 Euro kostet? Einfache Fragen, die ganz schön kompliziert werden, wenn man länger darüber nachdenkt. Sie provozieren Beckerts Suchinstinkt. „Das ist wie ein Puzzle", sagt er. „Am Anfang hat man noch nicht alle Teile beisammen, dann weiß man nicht, wie diese zusammenpassen. Dann aber entsteht ein Bild – und plötzlich versteht man, was man zuvor nicht verstanden hat."

Tatsächlich kann Beckert, wenn er Schritt für Schritt nachzeichnet, wie er arbeitet, am Ende strahlen wie ein Kind, das gerade das letzte Teil in ein Puzzle fügt.

Seinen Suchinstinkt hat Beckert, Jahrgang 1967, früh entdeckt. Mit 13 Jahren nimmt er zum ersten Mal an einem Geschichtswettbewerb teil. Zum Soziologiestudium geht er an die Freie Universität Berlin, bis er dort nach einer Zwischenstation in Bremen habilitiert wird. Zunächst erhält er eine Professur für Gesellschaftstheorie in Göttingen – und wird im März 2005 im Alter von nur 37 Jahren Direktor des Kölner Max-Planck-Instituts für Gesellschaftsforschung. Forschungsaufenthalte an der Harvard-Universität, in Princeton und Paris prägen seinen Lebenslauf.

Wer Beckert trifft, erlebt einen Menschen mit dem Selbstverständnis eines überzeugten Wissenschaftlers: An erster Stelle steht die Suche nach Erklärungen; Beraten und Belehren sind ihm eher fremd. Er will auf subtilere Art aufklären. Gesellschaftliche Veränderungen, glaubt er, entstehen aus den Erkenntnissen selbst – im Vertrauen darauf, dass Politiker, Manager und andere einflussreiche Menschen nach den Maximen handeln, die sie im Laufe ihrer Ausbildung gelernt haben. Als Soziologe weiß Beckert, wie komplex das Konstrukt hinter dem Begriff Gesellschaft ist.

Und wie unzureichend die Wirtschaftswissenschaften sein können, um dieses Konstrukt zu erklären: Er wünscht sich, dass auch die Ökonomik viel mehr gesellschaftliche Prozesse in den Blick nimmt und weniger nur auf den Einzelnen schaut.

Schon in seiner Dissertation setzt sich Beckert kritisch mit dem Homo oeconomicus auseinander, jenem oft angegriffenen und missinterpretierten Modell eines durch und durch rationalen Menschen, der stets perfekt informiert handelt. Wenig später untersucht er den Kunstmarkt, eine wunderbare Spielwiese, an der sich beispielhaft zeigen lässt, dass die isolierte Betrachtung von Individuen vieles nicht erklären kann. Er durchforstet Datenbanken, die Preisentwicklungen von Künstlern enthalten, und gleicht diese mit den Künstlerbiografien ab: Wer stellt wo aus? Wem widmen sich die wichtigen Kunstverlage? Wessen Werke werden von den Museen gekauft?

PREISE ALS SOZIALES KONSTRUKT

So zeichnet Beckert nach, welche Präferenzen die einzelnen Akteure auf dem Kunstmarkt haben – und wie daraus Preise werden. Die traditionellen Wirtschaftswissenschaften setzen Präferenzen als gegeben voraus. Sie sind vor allem ein nüchternes Abwägen von Kosten und Nutzen. „Aber dass ein in Formaldehyd gepackter Hai von Damien Hirst zwölf Millionen Dollar wert ist, das lässt sich weder mit der teuren Herstellung erklären noch damit, dass er den Leuten so gut gefällt", sagt Beckert. Vielmehr werde der Wert eines Kunstwerkes ermittelt, indem die einzelnen Akteure auf diesem Markt – Galerien, Kuratoren, Kunstkritiker und Kunden – miteinander kommunizieren und so gesellschaftlich akzeptierte Qualitätsvorstellungen entstehen. Der Preis wird in solchen Fällen zu einem sozialen Konstrukt.

Ganz ähnliche Mechanismen wirken beim Wein. Mit teurem Bordeaux oder dem Hai von Hirst als Beispielen zeigt der Wirtschaftssoziologe Beckert, wie ein Wert entsteht. Genau diese Frage sei derzeit in der Ökonomie unterbelichtet. Beckert findet das einigermaßen erstaunlich angesichts der Tatsache, dass in der westlichen Welt viele Produkte weniger wegen ihrer Funktionalität gekauft werden. Das iPhone, der Porsche oder auch manche Reiseziele sind Statussymbole. „Wenn Sie erklären wollen, warum Sylt so teuer ist, hilft es Ihnen wenig, dort hinzufahren. Sicher ist es schön dort. Aber anderswo ist es auch schön. Und kostet die Hälfte."

Erst die Assoziationen, die ein Produkt weckt, schaffen den Wert. Dieser Wert, sagt Beckert, werde immer wieder neu verhandelt: So sei es wohl für einen Konzern wie Apple sogar ungünstig, wenn plötzlich jeder mit einem iPhone herumliefe. Zwar beschrieb der amerikanische Ökonom Thorstein Veblen bereits 1899 in seiner „Theory of the Leisure Class" das Phänomen, dass die Nachfrage nach bestimmten Gütern trotz einer Preiserhöhung steigen kann, weil Kunden es vorziehen, dadurch ihren Status gegenüber anderen zu zeigen. Aber für die Frage, wie die Präferenzen für diese Statusgüter entstehen, könne die Wirtschaftssoziologie einen wertvollen Beitrag leisten, sagt Beckert: „Da würde ich mir auch mehr Aufmerksamkeit in der Ökonomik wünschen."

Die Wirtschaftswissenschaften schotteten sich im Vergleich zu anderen Sozialwissenschaften stärker ab. Dass sie sich in den vergangenen 20 Jahren vor allem der Psychologie geöffnet haben, liegt nach Beckerts Ansicht daran, dass beide Wissenschaften in ihren Erklärungsmustern beim Individuum ansetzen. Aber gerade die gesellschaftlichen Prozesse seien wichtig, um Ursachen wie Folgen wirtschaftlichen Handelns zu verstehen, sagt Beckert. Etwa bei der Verlagerung von Jobs: Aus Gründen der Effizienz, jenem Kriterium, auf das sich die Ökonomie im Wesentlichen stützt, sei es schlüssig, eine Fabrik dort anzusiedeln, wo die Lohnkosten niedrig sind. Die Soziologie erinnere daran, dass es neben der Effizienz auch andere Kriterien gebe, etwa die Gerechtigkeit. Sie gebe zu bedenken, dass man, um die Konflikte um die Verlagerung von Jobs zu verstehen, auch das Gerechtigkeitsempfinden der Arbeiter berücksichtigen muss, die gegen Stellenabbau protestieren.

Rein rational ließe sich auch nicht erklären, warum Menschen Lotto spielen, denn die statistische Gewinnerwartung ist viel zu gering. Beckert fragte Lottospieler nach ihren Beweggründen: Zwei Drittel der Befragten malten sich aus, was sie mit einem möglichen Gewinn machen könnten. „Sich in diese Traumwelten zu begeben, ist ein zentrales Motiv beim Kauf des Spielscheins", sagt er. Ökonomische Modelle können solche Motive nicht erklären.

Für ihn war dies ein Aha-Erlebnis, das ihn zu einer weiteren großen Frage führte: Woher kommen Erwartungen im ökonomischen Handeln?

GESCHICHTENERZÄHLER BESTIMMEN DIE PREISE

Für die Ökonomik sind Erwartungen überwiegend rational: Ein Unternehmer trifft eine Entscheidung zu Investitionen auf der Grundlage aller Informationen, die er in der Gegenwart sammelt. „Dieses buchhalterische Verständnis wird der Dynamik von kapitalistischen Systemen nicht gerecht", findet Beckert. Denn die Zukunft, die dem Unternehmer die errechneten Gewinne bringen soll, ist unsicher. Und das gesellschaftliche Zusammenspiel ist komplex. Beckert plädiert deshalb dafür, die Erwartungen als „imaginierte Zukunft" zu verstehen. In seinem Modell basieren Entscheidungen eher auf Interpretation als auf Kalkulation.

Ein Risikokapitalgeber beispielsweise, der in Produkte eines Start-ups investiert, die es noch gar nicht gibt, versuche zwar, mit all den vorhandenen Informationen möglichst genau zu errechnen, ob sich das lohnt. Doch dabei gehe es nicht nur um Zahlen, sondern auch um die Vorstellungen, die er sich von der Zukunft macht. Die Geschichte, die über ein junges Unternehmen erzählt wird, treibt die Investitionsentscheidungen. Ein Akteur beeinflusse mit einer guten Story die Erwartungen anderer. Gründer, Investoren, Aktienhändler, sie alle werden zu Geschichtenerzählern. Beckert warnt davor, das als etwas Manipulatives zu betrachten. Ein Start-up-Unternehmer, der seine Ideen vorträgt, sei überzeugt, dass er das beste Produkt hat. „Den Beweis dafür gibt es nicht, der liegt in der Zukunft." Dahin gelangt das Start-up aber nur, wenn es die Erwartungen der Investoren so beeinflusst, dass diese ihm überhaupt erst die Mittel zur Verfügung stellen, die es zum Erfolg führen.

In seinem Buch legt Beckert sein Modell der „imaginierten Zukunft" ausführlich dar. Aber es gebe noch einige Fragen, die er mit seinen Mitarbeitern am Max-Planck-Institut ergründen will: Wer sind die Akteure, die diese Geschichten erzählen? Und was macht eine Geschichte glaubhaft? Einfache Fragen, die kompliziert werden, wenn man genauer darüber nachdenkt.

Varinia Bernau

ZWEI LIEBLINGSBÜCHER Ein Sachbuch, das Beckerts Denken geprägt hat, ist „Die große Transformation" von 1944. Der ungarisch-österreichische Wirtschaftshistoriker Karl Polanyi zeige in dem Buch, wie die Gesellschaft an Stabilität verliert, wenn sie nur noch als Anhängsel des Marktes gilt. Das Buch gilt heute als eines der Hauptwerke der Soziologie des 20. Jahrhunderts. Im Bereich der Belletristik fällt Beckerts Wahl auf den Bestseller „The Circle" von Dave Eggers, und er begründet das so: Der Thriller beschreibe eine Gesellschaft, die sich den technologischen und wirtschaftlichen Imperativen unterwirft. Eine schaurige Dystopie.

Dass ein in Formaldehyd gepackter Hai von Damien Hirst zwölf Millionen Dollar wert ist, das lässt sich weder mit der teuren Herstellung erklären noch damit, dass er den Leuten so gut gefällt.

JENS BECKERT

EIN FORSCHER DER GEFÜHLE

Georg Weizsäcker beschäftigt sich als Volkswirt mit dem, was Menschen bewegt: Angst, Glück, Unsicherheit.

E r will raus aus seinem Elfenbeinturm. „Wir sind hier noch zu sehr in alten Strukturen gefangen", sagt Georg Weizsäcker. Hier, das ist die Humboldt-Universität, wo Weizsäcker Professor für Volkswirtschaftslehre ist. Mit Vorzimmer für die Sekretärin, eigenem Lehrstuhl samt eigenen Mitarbeitern, großzügigem Eckbüro und neuen Möbeln. Braucht man so etwas? Weizsäcker braucht es nicht. Als er mit der Uni verhandelte, wollte er das Lehrstuhlprinzip abschaffen, seine Mittel mit denen anderer Kollegen poolen – und scheiterte. Nun sitzt er mit offenem Hemd, grauer Chino und Espadrilles hinter seinem großen Schreibtisch in Berlin-Mitte und sagt: „Es gibt vieles, was ich ändern will."

Sein erster Wunsch: Der akademische Nachwuchs soll eine Perspektive bekommen in Deutschland. Damit gute Leute nicht andere Karrierewege gehen und die Uni verlassen, brauche es mehr Professuren und mehr Geld. So ließen sich auch Frauen fördern, die in der Volkswirtschaftslehre noch immer viel zu selten anzutreffen sind. „Vor allem aber müssen wir in der Forschung besser werden", ist Weizsäcker überzeugt. „In der VWL liegt Deutschland auf einem international guten Niveau, aber viele amerikanische und englische Universitäten sind besser."

Er weiß, wovon er spricht. Nach dem VWL-Studium in Berlin ging Weizsäcker als Stipendiat an die University of California. 1999 machte er in Berlin sein Diplom. Danach erhielt er Doktoranden-Stipendien für Harvard, wo er 2004 promovierte.

Er wechselte an die London School of Economics and Political Science (LSE), zunächst als Assistenzprofessor, dann als Professor. 2010 erhielt er einen Lehrstuhl für das Fach Economics. In all den Jahren im Ausland hielt er den Kontakt zu Deutschland und half schließlich dem Berliner Wirtschaftsforschungsinstitut DIW aus der Krise. Nun will er seinen Beitrag dazu leisten, die Humboldt-Universität von innen zu modernisieren. Um die äußerlichen Renovierungsarbeiten kümmert sich bereits der Berliner Senat, der das vergilbte Treppenhaus sanieren lässt, in dem Weizsäcker als Student noch geraucht hat. Einfach ist seine Mission nicht. „Wenn man aus dem Ausland kommt und sagt ‚Ich habe das Licht gesehen', kommt das nicht gut an."

Dass Deutschland international nicht mithalten kann, hat auch historische Gründe. Nach dem Krieg war das Fach sehr stark auf Ordnungspolitik ausgerichtet. Ökonometrie, Mikro- und Makroökonomik wurden lange Zeit vernachlässigt. Viele Forschungsarbeiten von internationalem Rang stecken heute aber voller Formeln und Zahlen. Da machen die Arbeiten des Verhaltensökonomen Weizsäcker keinen Unterschied. Das Whiteboard in seinem Zimmer ist mit Gleichungen übersät.

An der mathematischen Formalisierung von Argumenten will er nicht rütteln; er sieht sie als Test, ob ein Argument wasserdicht ist oder nicht.

DIE ANNAHME DES HOMO OECONOMICUS IST HANEBÜCHEN

Im Zentrum seiner Forschungsarbeit stehen aber der Mensch und sein Verhalten. Längst haben die Wissenschaftler begonnen, den Homo oeconomicus weiterzuentwickeln. Die Annahme, dass Menschen stets rationale Erwartungen haben, sagt Weizsäcker, „ist vollkommen hanebüchen". Das neue Menschenbild der Ökonomen kennt Gefühle, Angst und Glück, falsche Erwartungen, Selbstüberschätzung und Unsicherheit.

Weizsäcker beschäftigt sich viel mit der Frage, wie Menschen ihre Finanzen regeln. Da zeigt sich ihre ganze Irrationalität. Wenn jemand zur Bank geht und eine Lebensversicherung abschließt, wie viel bekommt er später raus? Nach Lehrbuch versteht der Kunde, was ihn erwartet. In der Praxis hat nur die Bank eine konkrete Vorstellung davon. Der Kunde weiß nur, was Finanzberater oder Werbung suggeriert haben: Er weiß so gut wie nichts. Das ist dann die Abweichung von den rationalen Erwartungen. Dass Wunsch und Wirklichkeit auseinanderklaffen, zeigen die hohen Stornoraten von Policen. Und die hohen Gebühren, die dann anfallen: „Daran sieht man, dass die Versicherer das naive Verhalten der Kunden schon antizipiert haben", sagt Weizsäcker. „Die Verträge sind so konstruiert, dass die Kunden nur schwer rauskommen und hohe Verluste in Kauf nehmen müssen." Was macht der Forscher in diesem Fall? Er versucht erst einmal nachzuweisen, dass seine Hypothesen nicht falsch sind.

Experimentelle Ökonomik nennt sich das dann, es ist Weizsäckers Spezialgebiet. Was nach hoher Mathematik klingt, bedeutet in der Praxis: In einem kleinen weißen Raum stehen zwei Dutzend Rechner, abgetrennt durch graue Stellwände. Dort werden keine Klausuren geschrieben, sondern ökonomische Experimente durchgespielt. Versuchspersonen klicken sich am Bildschirm durch Fragenkataloge. Sie haben 90 Minuten Zeit. So lässt sich zum Beispiel prüfen, wie Menschen reagieren, wenn der Kurs einer Aktie plötzlich an Wert verliert – oder gewinnt. „Ich kann nicht sicherstellen, dass Menschen am Computer genauso entscheiden wie in der richtigen Welt", gesteht der Forscher ein. „Aber es sind echte Daten von Menschen."

Es zeigt sich: Der Homo sapiens hat massive Schwierigkeiten, sich Erträge vorzustellen, die weit in der Zukunft liegen und in jeder Periode Zufälligkeiten unterworfen sind. Er vermag vielfach auch nicht zu erkennen, welch unsichtbare Kräfte auf Renditen wirken. Er unterschätzt den Zinseszins ebenso wie die Asymmetrien von Gewinnen und Verlusten. Zwischen Theorie und Wirklichkeit liegen Welten.

Die Verhaltensökonomen haben die Forschung näher herangerückt ans wirkliche Leben. Belächelt werden sie schon lange nicht mehr. „Wir müssen aber schauen, dass wir uns mit Dingen befassen, die ökonomisch wichtig sind und weiter in die Mitte des Faches rücken." Dorthin also, wo man sich zum Beispiel mit Arbeits- und Finanzmärkten beschäftigt, den großen Fragen der Wirtschaftswissenschaft.

Dazu gibt es noch viel zu tun. Nach der Finanzkrise war die Kritik an der Zunft groß. Allenthalben war zu hören: Die Ökonomen haben zu lange an falschen Gewissheiten festgehalten. Weizsäcker wirkt betroffen. Er ist zwar kein Verfechter von neoklassischem Gedankengut. Aber es schmerzt ihn, dass der Ruf seines Faches so gelitten hat. In der schwersten Wirtschaftskrise seit Jahrzehnten ließ sich die Bundesregierung vor allem von Juristen beraten. „Von akademischen Volkswirten kamen zu wenig intelligente Beiträge zur öffentlichen Diskussion", sagt Weizsäcker. Die meisten schweigen. Auch er drängte sich nicht vor Fernsehkameras, um die Welt zu erklären.

DER PROFESSORENBERUF IST WIE GEMACHT FÜRS KINDERKRIEGEN

Weizsäcker hält sich lieber im Hintergrund. Das „von" in seinem Namen lässt er konsequent weg. Geboren wurde er am 10. Oktober 1973 in München. Sein Vater Heinrich Wolfgang von Weizsäcker begann in jenen Jahren seine Universitätslaufbahn in München und wurde später Professor für Mathematik in Kaiserslautern. Dessen Vater, also der Großvater von Georg Weizsäcker, war der Kernphysiker und Philosoph Carl Friedrich von Weizsäcker, ein Bruder des ehemaligen Bundespräsidenten Richard von Weizsäcker.

„Ich bin eher der Typ, der ein Jahr lang an einem Papier sitzt und sich dann freut: ,Mensch, jetzt habe ich was rausgefunden!'" So lange über etwas nachzudenken sei „herrlich", sagt er. Wenn er das gemeinsam mit seiner Frau tun kann: umso schöner. Dorothea Kübler ist wie er Spezialistin für experimentelle Wirtschaftsforschung; sie lehrt seit 2003 als Professorin an der Technischen Universität Berlin. „Die Kinder finden das ganz schrecklich, wenn wir beim Abendessen über die Arbeit reden", erzählt Weizsäcker. Er weiß: Kinder leiden darunter, wenn man den Beruf mit nach Hause nimmt. Auf der anderen Seite sei man aber flexibler, wenn man nicht ins Büro gehen müsse, um über die Arbeit nachzudenken.

Überhaupt sei der Professorenberuf wie gemacht fürs Kinderkriegen – vorausgesetzt, man ist keine Frau. „Die Mutter ist immer noch ein Heiligtum in Deutschland. Das erzeugt Druck, dem man sich nicht leicht widersetzen kann", sagt Weizsäcker, der gern mehr Frauen für die Wirtschaftswissenschaften gewinnen will. Im Studium seien es noch recht viele, doch Professorin würden nur wenige. „Wir versuchen, die Karriere von jungen Menschen so aufzubauen, dass die Schwangerschaft kein Schadensfall ist."

Die Schwangerschaft ein Schadensfall? Vielleicht ist das ja der Grund, warum er geholfen hat, den Kinderladen vor der Pleite zu retten, in den auch eines seiner Kinder ging: „Die Lage war angespannt, da wollte ich anpacken."   *Catherine Hoffmann*

ZWEI LIEBLINGSBÜCHER Wischen und schieben statt blättern? Lieber nicht. „Ich lese immer nur gedruckte Bücher", sagt Georg Weizsäcker. Es stört ihn, dass man bei elektronischen Büchern sieht, wie viele Leute sich eine bestimmte Stelle markiert haben. Schrecklich! Hier also seine Buchtipps. Für das Sachbuch muss er nicht lange überlegen: „The Mind in the Cave" von David Lewis-Williams. Es geht um Höhlenmalerei und beschreibt, wie wichtig dem Menschen das Immaterielle schon in seiner Frühgeschichte gewesen ist. Über die Belletristik muss Weizsäcker einen Moment nachdenken und nennt dann: „Some Do Not" von Ford Madox Ford (1873 bis 1939). Das Thema? Ein Gentleman, der seine fast absurde Haltung bewahrt.

MEHR VIELFALT, BITTE!

Einheitslehre? Nicht mit Till van Treeck. Der Professor setzt sich für mehr Pluralität in der Ökonomie ein. Etabliertes zu hinterfragen, ist wichtig – das hat er früh gelernt.

Till van Treeck hat die Ökonomie so kennengelernt, wie es sich heute viele Studenten wünschen. Nicht mit Modellierungen, nicht mit neoklassischen Theorien begann das Studium, nein, es ging erst einmal weit zurück ins 19. Jahrhundert. An der Sciences Po in Lille hörte van Treeck in seinen ersten Vorlesungen von den philosophischen Ursprüngen der Mikroökonomie, dem Utilitarismus, Jeremy Bentham.

Schon damals waren es die großen Zusammenhänge, die van Treeck interessierten: Warum besitzen manche Menschen viel und manche wenig? Ist es gerecht, dass es einigen Ländern gut geht und andere darben? Wie ist die beste Gesellschaft zu gestalten? „Ich hatte damals schnell das Gefühl, dass mir die Volkswirtschaftslehre meine Fragen am ehesten beantworten kann", sagt van Treeck heute in seinem Büro der Universität Duisburg-Essen. An dem Gefühl hat sich nichts geändert. Van Treeck, Jahrgang 1980, ist mittlerweile Professor für Sozialökonomie und einer der wenigen Dozenten in Deutschland, die sich für eine plurale Lehre einsetzen.

Überall auf der Welt begehren Studenten gegen die einseitige Vermittlung der Volkswirtschaftslehre auf. Sie wollen in den Vorlesungen mehr über die Ideengeschichte ihres Fachs und mehr über Theorien abseits der dominanten Neoklassik hören, abseits der vollkommenen Märkte und rational handelnden Individuen. Doch Professoren und Dozenten halten sich in der Öffentlichkeit bisher zurück, zumindest in Deutschland. Kaum jemand lobt die Debatte, erst recht niemand kritisiert sein Fach selbst.

Van Treeck dagegen sitzt unter anderem im Vorstand einer Forschungsstelle für wissenschaftsbasierte gesellschaftliche Weiterentwicklung und bringt dort Ökonomen mit Soziologen, Politikern und Bürgern zusammen. Das Institute for New Economic Thinking in New York unterstützte van Treeck in einem seiner makroökonomischen Forschungsprojekte; der Investor George Soros gründete das Think Tank nach der Finanzkrise, um neue Theorien in der Volkswirtschaftslehre zu fördern. Auch seine eigene Lehre richtet van Treeck plural aus. Kein Zufall also, dass er die Sozialökonomie gewählt hat, ein grundsätzlich interdisziplinäres Fach.

WIDERSPRUCH – DAS MACHT WISSENSCHAFT AUS

In van Treecks Büro, sechster Stock, Gang B, hängt gleich rechts neben dem Schreibtisch an der Wand ein großes Whiteboard. Darauf sind an diesem Tag einige einfache Indifferenzkurven gezeichnet. Mit einem Mitarbeiter ist van Treeck kurz zuvor noch eine Veranstaltung des kommenden Semesters durchgegangen. Darauf angesprochen, steht der junge Professor auf, fährt mit dem Finger die Kurve entlang und sagt: „An einem einfachen Beispiel wie den Indifferenzkurven aus der Haushaltstheorie sieht man gut, dass die herkömmlichen Modelle oft nicht ausreichen."

Es klingt ein wenig so, als würde ihn das freuen. Indifferenzkurven nämlich bilden alle Kombinationen von Gütern ab, die einer Person den gleichen Nutzen stiften – allerdings wird im Lehrbuchmodell davon ausgegangen, dass dieser Nutzen unabhängig vom Verhalten der Mitmenschen ist. „Dabei ist er das nicht. Wenn etwa die oberen Schichten in einer Gesellschaft ihren Konsum sichtbar steigern, verschiebt sich für die darunter liegenden Schichten die Norm dessen, was als zufriedenstellender Lebensstandard gilt", sagt van Treeck.

In den USA etwa hätten viele Menschen wenig gespart und sich verschuldet, um mit den Oberen mithalten zu können, auch wenn ihre Einkommen nicht gestiegen waren. Für van Treeck ist das einer der Gründe, der schließlich zur Subprime- und zur globalen Finanzkrise führte. In einem Paper schreibt der Wissenschaftler gemeinsam mit Kollegen dazu, dieses Modell „widerspricht den gängigen Rationalitätsannahmen in neoklassischen Modellen".

Widerspruch, Streit, Debatte: Für van Treeck sind das wichtige Eigenschaften von Wissenschaft, die ihm in der Ökonomie fehlen. „Die Ökonomie ist wahrscheinlich die einflussreichste Sozialwissenschaft – ständig liest man von sogenannten Star-Ökonomen, aber viel zu selten zum Beispiel von Star-Soziologen oder Star-Politologen", sagt er. Gleichzeitig werde die Ökonomie in der Öffentlichkeit aber auch als die einseitigste Wissenschaft wahrgenommen. Ob da ein Zusammenhang bestehe? Könne gut sein, sagt van Treeck.

Er selbst hatte nie einen Karriereplan, sich nicht vorgenommen, bis zu einem bestimmten Jahr Professor zu sein. Hat nicht die Themen bearbeitet, an denen am Lehrstuhl sowieso geforscht wurde, um damit glänzen zu können, sondern die Themen, die ihn interessieren: Einkommensverteilung aus makroökonomischer Sicht, Wirtschaftspolitik, ökonomische Bildung. Wer nach oben will, folgt im Zweifelsfall lieber dem Mainstream. Das verhindert, dass sich Ökonomen trauen, Risiken einzugehen, kontroverse Standpunkte abseits der neoklassischen Dominanz einzunehmen.

WIE SOLL DER STAAT ARBEITSLOSIGKEIT BEKÄMPFEN?

Bei van Treeck ist das anders. Vielleicht auch, weil er früh gelernt hat, wie wichtig es ist, Etabliertes zu hinterfragen. Denn der Wissenschaftler studierte nicht nur an der Sciences Po in Lille, wo ihn die französische Streitkultur und keynesianische Vorlesungen lockten. Nein, nach einem Jahr Frankreich ging es weiter nach Münster. Und während van Treeck in Lille noch dachte, das Wirken von Fiskal- und Geldpolitik verstanden zu haben, musste er nun sehen, dass die Erklärungen der deutschen, neoklassischen Professoren plötzlich ganz andere waren.

Allein ein Beispiel zeigt, wie weit weg Lille plötzlich zu sein schien, nur 400 Kilometer entfernt in Münster: Während die französischen Keynesianer dem Studenten noch erklärt hatten, bei Arbeitslosigkeit müsse der Staat zu deren Bekämpfung seine Ausgaben erhöhen, hieß es in Münster nun, dass solch eine staatliche Intervention überhaupt nichts bringe. Wenn der Staat mehr Geld ausgebe, rechneten die Bürger damit, dass sie in Zukunft höhere Steuern zahlen müssen und sparten deshalb Geld, anstatt zu konsumieren – die gesamtwirtschaftliche Nachfrage bliebe trotz höherer Ausgaben unberührt, die Maßnahme habe keinen Effekt.

KEYNES HABE ICH VERSCHLUNGEN

„Ich war dann schon unbequem in den Vorlesungen und habe viel nachgefragt", sagt van Treeck. Im großen Bücherregal links neben ihm stehen dicht an dicht die Werke von Keynes. Es ist unschwer zu erkennen, welcher Studienort ihn mehr geprägt hat. „Ja, Keynes habe ich verschlungen", sagt er und zieht eine französische Essayausgabe mit dem Titel „La pauvreté dans l'abondance", auf Deutsch „Armut im Überfluss", aus dem Regal. Gleich daneben liegt „Das Kapital im 21. Jahrhundert" von Thomas Piketty, das wohl bekannteste Wirtschaftsbuch der vergangenen Jahre. Über die Anmerkungen der Wirtschaftsweisen zu Pikettys Werk habe er sich geärgert, sagt van Treeck. Sie schrieben, Pikettys Thesen zur Einkommensverteilung seien „aus ökonomischer Sicht nicht haltbar", jedoch ohne weitere Begründung, ohne eine Betrachtung von allen Seiten.

Wenn es nach van Treeck ginge, müsste für die Wissenschaft, insbesondere für die Ökonomie, ein ähnliches Prinzip gelten, wie es im Beutelsbacher Konsens in den 1970er-Jahren für die politische Bildung festgelegt wurde: Alle Themen sollten so kontrovers diskutiert werden wie in der Gesellschaft selbst. Die Ökonomie sei schließlich eines der umstrittensten gesellschaftlichen Felder. Und das müsse sich auch in der Lehre widerspiegeln.

Pia Ratzesberger

ZWEI LIEBLINGSBÜCHER Van Treeck schätzt „The General Theory of Employment, Interest and Money" von John M. Keynes wegen seiner Kernbotschaft: „Das ‚ökonomische Problem' kann gelöst werden, und das Wirtschaften braucht langfristig nicht die Hauptbeschäftigung der Menschen zu sein", sagt der Sozialökonom. Weiter empfiehlt er „The Darwin Economy. Liberty, Competition, and the Common Good" von Robert H. Frank: „Frank ist ein genialer Ökonom und Essayist. Er beschreibt, was Adam Smith von Darwin lernen könnte, und warum zu viel Ungleichheit ineffizient ist.

Die Ökonomie ist wahrscheinlich die einflussreichste Sozialwissenschaft.

TILL VAN TREECK

DER GRENZGÄNGER

*Der Münchner Wirtschaftshistoriker Davide Cantoni erforscht,
wie sich Gesellschaften entwickeln. Er setzt dabei auf
Daten statt auf Theorien, arbeitet mit Kollegen aus der ganzen
Welt zusammen. Langfristig sieht er keine Trennlinie
zwischen Ökonomie und Politikwissenschaft.*

Zwischen 2004 und 2010 hat die chinesische Regierung, wie der Bildungsminister sagt, eine „historisch wichtige" Reform gewagt: Nach und nach wurden in allen Provinzen Chinas neue Schulbücher für die Oberstufe eingeführt, unter anderem für den Politikunterricht. Die Regierung sagt, sie wolle den Schülern „ein korrektes Weltbild, ein korrektes Lebensbild und ein korrektes Wertesystem" beibringen. Einer echten Demokratie und freien Märkten steht das neue Politikbuch skeptischer gegenüber als das alte. Doch: Beeinflusst der neue Lehrplan wirklich die Einstellung der jungen Menschen?

Dieser Frage ist Davide Cantoni nachgegangen, Professor für Wirtschaftsgeschichte an der Ludwig-Maximilians-Universität München. Gemeinsam mit vier internationalen Autoren hat Cantoni gezeigt: Studierende, die mit dem neuen Lehrbuch großgeworden sind, vertrauen der chinesischen Regierung mehr als Gleichaltrige aus anderen Provinzen, die noch mit dem alten Buch gelernt haben. Ebenso nehmen sie das politische System, in dem sie leben, eher als demokratisch wahr. 3000 Studierende aus allen Teilen Chinas haben die Forscher befragt; das renommierte *Journal of Political Economy* veröffentlichte die Studie.

Als einer von sehr wenigen Wirtschaftswissenschaftlern in Deutschland hat Davide Cantoni in den vergangenen Jahren mehrmals in den angesehensten Fachzeitschriften der Wirtschaftswelt veröffentlicht. Der Deutsch-Italiener hat eine steile, aber anstrengende Karriere hingelegt. Schon im Alter von 29 Jahren wurde er Professor in München. Das Leben des dreifachen Vaters besteht zurzeit nur aus seiner Forschung und seiner Familie. Für Reisen, Romane und andere Leidenschaften bleibt kaum Zeit.

Dem klassischen Lehrstuhl-Denken kann der Wissenschaftler nicht viel abgewinnen: Cantoni forscht in der Schnittmenge aus Wirtschaft, Geschichte und Politik, arbeitet projektweise mit Ökonomen aus Stanford bis Peking zusammen. Statt mit Theorien zu hantieren, erhebt er lieber Daten und sucht nach Zusammenhängen: Haben die Menschen in Ostdeutschland nach der Wende wirklich jene Produkte gekauft, die im West-Fernsehen zuvor stark beworben wurden? Hat die Gründung von Universitäten im Mittelalter das Wirtschaftswachstum beschleunigt?

Daten auswerten, um geschichtliche Fragen zu beantworten – was zunächst trocken klingt, trifft den Zeitgeist der weltweiten Wirtschaftsforschung. Denn spätestens seit der Finanzkrise wird den Ökonomen vorgeworfen, ihr Versuch, die ganze Welt in abstrakten Modellen und Theorien zu erklären, sei gescheitert. Seitdem unterzieht sich die Volkswirtschaftslehre einer Realitätsprüfung: Zeigen die Daten aus der Geschichte wirklich die Zusammenhänge, die gemäß der Theorie erwartbar wären?

STÜTZT DER PROTESTANTISMUS DIE ARBEITSETHIK?

Cantoni, Jahrgang 1981, will seine Forschung nicht auf längst vergangene Zeiten beschränken. Mit der Bürgerbewegung im Hongkong von heute beschäftigt sich der Wirtschaftshistoriker genauso wie mit dem Heiligen Römischen Reich Deutscher Nation. „Mich interessiert, wie sich Gesellschaften organisieren und wie sie sich weiterentwickeln", beschreibt Cantoni den roten

Faden seiner Forschung. „Ich will herausfinden, welche gesellschaftlichen Faktoren eine Wirtschaft produktiver machen."

Seine erste wichtige Veröffentlichung verdankt Cantoni einer Stellenausschreibung: Die renommierten Ökonomen Daron Acemoğlu und James A. Robinson von der US-Universität Harvard suchten eine deutschsprachige Hilfskraft. Sie wollten erforschen, wie sich die Besatzung deutscher Länder nach der Französischen Revolution auf die Wirtschaft auswirkte. Als Doktorand in Harvard bekommt Cantoni den Hilfsposten – und arbeitet so viel, dass er zum Co-Autor der Studie aufsteigt. Im angesehenen *American Economic Review* schreiben die Forscher, die radikalen Reformen der Franzosen hätten Deutschland gutgetan: Gilden und Privilegien des Adels seien zerschlagen, Arbeitsmärkte liberalisiert und das Zivilrecht eingeführt worden.

Als die Studie im Jahr 2011 erscheint, zögern Fachleute und Medien nicht lange, die Erkenntnisse auf die Gegenwart zu übertragen: Dann sei es also gut gewesen, dass die USA in den Irak zogen, oder Griechenlands Geldgeber auf radikale Reformen in Athen beharrten. Kopfschüttelnd nimmt Cantoni diese Interpretationen zur Kenntnis. Er will sich mit seiner Forschung nicht in die Politik einmischen. „Volkswirte sollten in erster Linie beschreiben, was der Staat machen kann und was nicht, zwischen welchen Zielen die Gesellschaft abwägen muss." Das sei viel wichtiger, als Meinungen zu verbreiten. Diskussionen mit Politikern, Verbänden oder Gewerkschaften interessierten ihn nicht, sagt Cantoni. Ganz der Forscher.

Als Wirtschaftshistoriker bewegt er sich zwischen zwei Denkweisen: einerseits der zahlengetriebenen Ökonomie, andererseits dem Geist der Geschichtswissenschaft, die jede Entwicklung als Einzelfall betrachtet. Das führt schon mal zu Diskussionen – zumal Cantoni mit einer Historikerin verheiratet ist. Beispielsweise hat der Ökonom einmal überprüft, ob vom Jahr 1300 an deutsche Städte mit protestantischer Religion wirklich stärker gewachsen sind als katholische Städte. Schließlich behauptete der große Soziologe Max Weber, der Protestantismus stütze mit seiner Arbeitsethik, seinem Menschenbild und seinem Bildungsgedanken den wirtschaftlichen Fortschritt. Cantoni nutzte historische Daten über die Entwicklung deutscher Städte, die er und seine Assistenten mühsam aus alten Enzyklopädien herausgekramt haben, fand keine Belege für Webers These – und schrieb das in einem Fachartikel auf. Prompt kritisierten Historiker, der Ökonom Cantoni habe Max Weber missverstanden.

Auf der anderen Seite bezweifeln manche Wirtschaftswissenschaftler, ob die Erkenntnisse der Historiker wirklich auf die Gegenwart übertragbar sind, ob sie nützlich für das Hier und Jetzt sind. Bewegen nicht ganz andere Themen die Wirtschaftswelt als Protestantismus und Schulbücher? Cantoni verteidigt seine Zunft: „Wenn wir Globalisierung und Digitalisierung verstehen wollen, müssen wir Wirtschaftsgeschichte studieren." Schließlich seien technischer Wandel und die Geschichte des Welthandels die zwei großen Themen der Wirtschaftshistoriker.

Cantoni will seinen Studierenden zeigen, dass die Volkswirtschaftslehre heute einen engen Bezug zur Realität hat. Diesen Realitätsbezug vermisste Cantoni des Öfteren, als er selbst noch Student in Mannheim war. „Ich kann mich nicht beklagen, die Ausbildung war sehr gut", sagt er, „aber sie war rein theoretisch." Eine Offenbarung sei es gewesen, als er im Auslandssemester im kalifornischen Berkeley in allen Kursen mit Datensätzen arbeitete, denn in diesen Daten spiegelt sich das wirkliche Leben. Von da an stand fest, er wollte in den USA promovieren. Mit einem Stipendium ging Cantoni, der schon in der Schule Geschichte als Leistungskurs belegt hatte, im Jahr 2005 nach Harvard und spezialisierte sich auf Wirtschaftsgeschichte und politische Ökonomie.

Seine Kindheit und Jugend verbrachte der Sohn eines Italieners und einer Deutschen in der Nähe von Mailand, wo er zweisprachig aufgewachsen ist. Als der junge Cantoni Mitte der Neunzigerjahre anfängt, Zeitung zu lesen, wühlt gerade ein

Bestechungsskandal das italienische Parteiensystem auf; das Land verlässt vorübergehend das europäische Währungssystem. „Ich hatte das Gefühl, man kann die Welt nicht verstehen, wenn man die Wirtschaft nicht versteht", sagt Cantoni heute. Er ging zum Studium nach Mannheim; trotzdem ist Norditalien seine Heimat geblieben. Er genießt es, wenn seine Eltern zu Besuch nach München kommen und ihm typische Lebensmittel aus Mailand mitbringen. Selbst hat er nur selten Zeit, seine Heimat zu besuchen.

In München ist der Vater dreier Kinder sesshaft geworden. Umso wichtiger ist es ihm, mit internationalen Autoren zusammenzuarbeiten. In den nächsten Jahren will Cantoni mit seinen Mitstreitern vor allem die Proteste in Hongkong erforschen. „Was in Europa im 19. Jahrhundert geschah, dass das Bürgertum auf die Straße geht und für seine Rechte eintritt, das können wir in Hongkong live erleben", sagt der Wirtschaftshistoriker. Wie viel Wirtschaftswissenschaft noch in diesem Projekt steckt, oder ob die Forscher längst in der Politologie angekommen sind, kümmert Cantoni nicht. Denn je datenbasierter und mathematischer Politikwissenschaftler arbeiten, desto weniger Gründe sieht Cantoni, überhaupt noch zwischen den verschiedenen Gesellschaftswissenschaften zu unterscheiden. Er hält eben wenig vom Lehrstuhl-Denken. *Benedikt Müller*

ZWEI LIEBLINGSBÜCHER Als Wirtschaftshistoriker will Davide Cantoni wissen, wie die Welt zu einer bestimmten Zeit an einem bestimmten Ort getickt hat. Als Lieblingssachbuch empfiehlt er deshalb „Lebensformen Europas" von Wolfgang Reinhard. Mit dem Übergang vom Mittelalter in die Moderne beschreibe das Buch den größten Wandel, den die europäische Gesellschaft je erlebt habe. Sein Lieblingsroman ist „Zenos Gewissen" von Italo Svevo. Anhand eines reichen, gelangweilten Mannes im Triest des frühen 20. Jahrhunderts beschreibe das Buch die Unbeständigkeit des menschlichen Daseins. „Zenos Gewissen" verdeutliche, wie ungleich die Vermögen Anfang des 20. Jahrhunderts verteilt waren.

VON BERUF SYSTEMKRITIKER

Sascha Münnich ist viel herumgekommen – aber seinen Wurzeln als Wirtschaftssoziologe blieb er treu: Der Erfolg eines Gesellschaftssystems hänge davon ab, wie es den Verlierern geht.

Sascha Münnich hat es auf die ganz großen Fragen abgesehen. Das merkt man, wenn der Wirtschaftssoziologe von der „granularen Verpaperisierung der Wissenschaften" spricht, wo viel zu häufig die kleinen Rätsel in aller Ausführlichkeit analysiert würden. Dann doch lieber über den Kapitalismus nachdenken, der, so weiß man spätestens nach den Erfahrungen mit der großen Finanzkrise 2008, noch nicht zu Ende gedacht ist. Den Kapitalismus verstehen – drunter geht es nicht? Münnich lacht: „Ja, geht es nicht."

Münnich, Jahrgang 1977, ist viel herumgekommen. Student in Göttingen, dann Doktorand und Post-Doc am Max-Planck-Institut für Gesellschaftsforschung, Promotion an der Universität zu Köln, dazwischen zweimal an der amerikanischen Elite-Universität Harvard. Nun also wieder die Uni Göttingen: Zimmernummer 0.114. Den Raum, der jetzt sein Büro ist, kennt er noch aus der Studentenzeit. „Dort", er zeigt auf die Stelle an der sein Schreibtisch steht, „habe ich damals immer meine Seminarscheine abgeholt." Der kräftige Münnich kocht zwei Tassen Kaffee. Er trägt einen braunen Pulli über weißem Hemd. Der Spitzbart und die langen zum Pferdeschwanz gebundenen Haare belegen jedem, der voreingenommen genug ist, dass Münnich ein Soziologe sein muss.

Aber nicht nur. Auf der Bühne in Konzerthallen trägt Münnich viel farbenfrohere Kleidung, dort wirkt er auch wilder. Wer

sich einen Konzertmitschnitt seiner Band auf Youtube anschaut und hört, wie ergreifend Münnich „Georgia on my mind" singt, der wird ein wenig neidisch: Das kann er also auch noch. Die Musik ist für ihn Passion und zweites berufliches Standbein in einem. Münnich muss kämpfen, wie viele Akademiker heutzutage. Auf dem Namensschild zu seinem Büro steht zwar Professor, doch da hat jemand einfach das „Junior" im Titel unterschlagen. Diese sechs Buchstaben markieren den feinen Unterschied zwischen sicherer Verbeamtung und prekärem Zeitvertrag.

Für den Soziologen Max Weber war die Legitimität einer Wirtschaftsordnung stets daran geknüpft, wie es den Verlierern – und nicht den Gewinnern – geht. Das ist der Ausgangspunkt für Münnichs Forschung. Im Jahr 2008, damals war er Doktorand, hörte er genau hin, wie die globale Finanzkrise die Debatten beherrschte. Die Pleite der amerikanischen Investmentbank Lehman Brothers machte die Anfälligkeit des Finanzsystems sichtbar. Alle und alles hingen miteinander zusammen. Die Pleite des einen gefährdet das Überleben aller. Der Kapitalismus, das System, das den Sozialismus ausgestochen hatte, wurde nun selbst infrage gestellt.

Münnich war ergriffen. Er wollte etwas beitragen zur Lösung der Probleme, auch als Soziologe. Oder besser: Gerade als Soziologe, die mitunter bessere Antworten geben könnten als die Ökonomen, wie er sagt.

„Ich war perplex über die Holzschnittartigkeit der politischen Debatte damals. Es war ein Moment der Orientierungslosigkeit, man wusste nicht: Wo hört der böse Kapitalismus auf, und wo fängt der gute an?" Münnich merkte aber auch schnell, dass die Grundsatzfragen, die ihn faszinierten, in der Politik bald keine Rolle mehr spielten. Das System arrangierte sich, andere Themen wurden wichtig. „Als die Probleme in Griechenland 2010 offenbar wurden, da war es vorbei mit den grundsätzlichen Debatten. Plötzlich ging es nur noch darum, welcher Staat seine Hausaufgaben richtig macht", sagt er.

DER KAPITALISMUS IST EINE DEFIZITÄRE GESELLSCHAFTSFORM

Doch Münnich blieb dran an den Dingen, die ihn interessieren. Wie legitim ist Profit, was sind die Gründe der ungerechten Verteilung, wann beginnen Gesellschaften sich aufzulehnen gegen das System? Münnich geht empirisch vor. Er untersucht, wie Gesellschaften diese Fragen früher beantwortet haben und welche Folgen das für die damaligen und heutigen kapitalistischen Gesellschaften hatte und hat.

„Wenn wir einmal Aufstände erleben aufgrund von Legitimationszusammenbrüchen, dann vermutlich nicht unter linken, sondern unter rechten Vorzeichen", sagt Münnich. Er geht davon aus, dass die meisten Menschen den Kapitalismus behalten wollen: „Sie spüren zwar, dass der soziale Zusammenhalt gefährdet ist, aber die wenigsten denken, das habe mit dem Marktsystem zu tun."

Für Münnich hingegen ist der Kapitalismus eine defizitäre Gesellschaftsformation. „Um den Kapitalismus so wirken zu lassen, dass er sich selbst reguliert, muss man bereit sein, die gesamte Gesellschaft jederzeit an die Produktion anzupassen", sagt der Wirtschaftssoziologe. Doch man könne den Kohlekumpel eben nicht hoppla-hopp als Erzieher einsetzen. „Diese Inflexibilität ist das Grundproblem. Der Kapitalismus erzeugt immer Formen der Dynamik, die den gesellschaftlichen Zusammenhalt gefährden."

Was tun? Münnich sagt, der Kapitalismus in dieser Form könne nur funktionieren, wenn genug Wachstum da sei, um alle zu befrieden. Doch das Wachstum gehe zurück, es gebe kein neues Modell. „Die Politik sollte die Debatte führen: Wie viel Wachstum wollen wir, wie viel ist realistisch, und was bedeutet das für uns, wenn es nicht mehr in ausreichendem Maße erreicht werden kann?", fragt Münnich.

Er kritisiert die Politik. Wenn Amtsträger von Alternativlosigkeit sprechen, hält er das für falsch. Gerade beim Thema Sparen. „Der Staat mauert sich ein, indem er sagt, er müsse sparen und könne nichts tun. Dann entsteht der Effekt, auf den viele Liberale setzen, dass der Staat kaputt wirkt, weil er nicht mehr handlungsfähig ist", sagt Münnich. Er befürchtet eine Negativspirale. „Denn selbst wenn der Staat etwas tun möchte, dann heißt es immer, dafür fehle das Geld. So wird die Legitimität des Staates immer mehr untergraben."

Den Linken rät der schon in seiner Jugend politisch links geprägte Forscher: „Soziale Gerechtigkeit ist eine Chimäre, das ist viel zu abstrakt. Man muss über Freiheit reden und die Pflicht des Staates, jedem einzelnen, etwa durch Bildung, die Chance zu geben, diese Freiheit zu leben."

Für Münnich waren die liberalen Finanzmärkte in der Rückschau ein Problem – aber nicht *das* Problem. „Die Deregulierung in den 1980er-Jahren hatte viel mit den Überschüssen aus der Exportwirtschaft und der Wachstumskrise im Westen zu tun", sagt der Wissenschaftler. Der Finanzmarkt sollte entwicklungspolitisch eine Rolle spielen, um die Entwicklungsländer für Investitionen zu öffnen. „Zu fragen, wer der eine problematische Akteur ist, das wäre zu einfach. Die Finanzkrise hatte viele Ursachen."

NACH VIER JAHREN IST FÜR IHN SCHLUSS, WENN ER NICHT VERBEAMTET WIRD

Für Münnich ist das Marktsystem durchaus sinnvoll, und zwar dort, wo man die Freiheit zum Handel nutzen und Ideen unternehmerisch ausleben möchte. „Der Markt ist aber keine gesellschaftliche Ordnung, die zusammenhält. Doch die politischen Institutionen kommen nicht mehr hinterher, diesen Zusammenhalt zu gewährleisten", bemängelt er.

Münnich, der zwei kleine Kinder hat, wirkt zum Ende des Gesprächs ein wenig nachdenklich, denn die Zwänge des Kapitalismus' als „defizitäre Gesellschaftsform", wie er es nannte, spürt er selbst hautnah: „Man weiß nie, wie es weitergeht. Ich habe mit 38 Jahren noch nie einen unbefristeten Vertrag gehabt", sagt Münnich. Der aktuelle Vertrag an der Uni Göttingen laufe vier Jahre. Danach sei Schluss: „Entweder ich werde ordentlicher Professor oder ich verlasse die Universität." *Markus Zydra*

ZWEI LIEBLINGSBÜCHER „The Time of Our Singing" von Richard Powers ist Sascha Münnichs erster Tipp: „Ein mitreißend und dicht geschriebener Roman, der die Geschichte der Rassenbeziehungen in den USA mit einer beeindruckenden literarischen Verarbeitung der Musikgeschichte und der Naturwissenschaften verbindet."

Sehr lesenswert fand er auch „Austerity. History of a Dangerous Idea" von Mark Blyth. Der Autor setzt sich mit dem Mythos der erfolgreichen Sparpolitik auseinander. Zugleich liefert er eine kritische Analyse der Finanz-, Fiskal- und Geldpolitik der europäischen Länder in den vergangenen zwanzig Jahren.

Um den Kapitalismus so wirken zu lassen, dass er sich selbst reguliert, muss man bereit sein, die gesamte Gesellschaft jederzeit an die Produktion anzupassen.

SASCHA MÜNNICH

MIKROÖKONOMIE UND MORAL

Nora Szech will mit ihrer Forschung die Märkte besser und fairer machen. Auch privat versucht sie, gut zu sein: weniger Fleisch, Wimperntusche ohne Tierversuche, nicht immer das neueste Handy.

Ach ja, die Mäuse und die Moral. Nora Szech seufzt ein wenig. Immer wird sie mit diesen Tieren in Verbindung gebracht – als ob es nicht auch andere spannende Forschungen gäbe. Die Sache mit der Fußball-Champions-League etwa oder diesen faszinierenden Intelligenztest. Aber um die kleinen Nager kommt die Wissenschaftlerin nicht herum. Sie sind nun einmal ein Grund für die recht hohe Bekanntheit der noch so jungen Szech in der Wissenschaftscommunity: Weil sie überhaupt mit diesen Tieren gearbeitet hat – als Ökonomin – und weil die Ergebnisse in der Tat bemerkenswert sind. Nora Szech, Jahrgang 1980, untersucht, wie Märkte funktionieren, wie sich darin Käufer und Verkäufer verhalten. Aber nicht nur in der Theorie, sondern in der Praxis.

Vor einiger Zeit hat sie nachgeforscht, gemeinsam mit dem renommierten Bonner Kollegen Armin Falk, wie viel den Menschen eine Maus wert ist. Knapp 1000 Studenten aller möglichen Fakultäten haben die beiden durch ihre Experimente geschleust; folgende Regel war vorgegeben: Wer in den einzelnen Spielen nicht handelt und kein Geld annimmt, der kann pro Spiel eine Maus retten, die eigentlich zur Tötung vorgesehen ist. Etliche Labormäuse hatte Szech zuvor besorgt, die aus Sicht von Naturwissenschaftlern eigentlich überflüssig waren und vergast werden sollten. Ganz ohne Emotion war das nicht: Szech, die übrigens kein Fleisch isst, hoffte, dass sich möglichst viele retten lassen. Es ging um die Frage: Geld oder Mäuseleben?

Im Labor stellte sich heraus: Viele junge Leute wählten lieber Geld als Mäuseleben. Beinahe jeder Zweite nahm zehn Euro – und schickte seine Maus zur Vergasung. Es gab hernach harsche Kritik von anderen Wirtschaftswissenschaftlern an dem Experiment: Es sei kein passendes Abbild der Realität, hieß es etwa. Aber Szechs Urteil ist klar: Einem lebenden Wesen Schaden zufügen – das ist ein Kennzeichen für Unmoral. Märkte korrumpieren die Moral, so lautete jedenfalls die schlagzeilenträchtige Konklusion, die das Wissenschaftsmagazin *Science* druckte.

In ihrem Fach, der Mikroökonomie, der Wissenschaft vom
Handeln der Marktakteure, ist die Kategorie Moral eher nicht
vorgesehen. Hier gilt das übliche Modell vom Homo oeconomicus, diesem Typen, der in – möglichst transparenten – Märkten
stets nach seinem größtmöglichen Vorteil strebt. Das Geldan-
nehmen bei den Mäusen passt da rein. Aber was ist mit denen,
die nicht das Geld wollten?, fragt Szech. Und denen, die von
Schuldgefühlen hernach berichteten? „Der Begriff des Homo
oeconomicus, der ganz allein nach rationalen Kriterien entscheidet und angeblich immer möglichst viele Informationen
haben will, trifft die Realität nicht", sagt Czech, „Moral spielt
eine Rolle, vielleicht auch andere Regungen."

**MANCHMAL IST SZECH KAUM VON IHREN STUDENTINNEN
ZU UNTERSCHEIDEN**

Die junge Frau liegt damit im Trend: Seit der Finanzkrise kritisiert Angela Merkel, die Ökonomen hätten in ihren Prognosen „schwer neben der Realität gelegen". Der Rat der Kanzlerin
war: Erweitert das Modell des Homo oeconomicus um die Verhaltensökonomie. Genau das macht Szech, es interessiert sie
etwa, wie sich Schuld und Schuldgefühle messen und teilen lassen. „Mein Anspruch: Helfen, die Welt zu erklären, sonst hätte
unsere Wissenschaft ja keine Berechtigung." Dahinter steht bei
ihr ein normativer Ansatz, der sich von vielen anderen in ihrem
Metier unterscheidet, die nüchtern-neutral arbeiten: „Ich habe
schon die Hoffnung", sagt sie, „dass ich die Märkte mitgestal-
ten kann: Besser im Sinne von fairer."

Ist das eine Altersfrage? Vielleicht. Wenn Szech mit einem ihrer langen Schals durch ihre Fakultät läuft, kann man sie nicht
recht von ihren Studentinnen unterscheiden. Andererseits ist sie
so ausnehmend fröhlich dabei, dass es nicht vermessen ist, zu sagen: Ihr Lachen trägt sie von Raum zu Raum; und es passt schon,
dass sie nebenbei Kurzgeschichten schreibt und in einer Indie-
Pop-Band namens Kitty Wu singt. Die meisten ihrer Studenten

sind viel stiller. Das Fairseinwollen ist bei ihr wohl eher eine Frage von Haltung zum Leben, das aus Karrieresicht sehr geradlinig verläuft bislang. Aufgewachsen in Mülheim an der Ruhr, studierte Szech mithilfe der Studienstiftung des Deutschen Volkes in Bonn bei dem Mikroökonomen Benny Moldovanu. Bekam von den Studenten einen kleinen Preis als beste Tutorin. Wurde bald nach ihrer Dissertation Professorin an der Universität Bamberg – und ist seit 2013 Inhaberin des Lehrstuhls für Politische Ökonomie in Karlsruhe.

EMPATHIE IST ZUM GLÜCK ERLERNBAR: „TRÖSTLICH!"

Szech ist politisch, gesellschaftspolitisch muss man wohl sagen. Aber gar nicht verbissen. „Ich bin nicht der absolute Gutmensch, das ist unmöglich", sagt sie. Ein bisschen gut will sie jedoch schon sein: weniger Fleisch, Wimperntusche ohne Tierversuche. „Und nicht immer das neueste Handy!" Sie springt auf, läuft vom Besprechungstisch zu ihrem Rucksack – und zieht ein altertümliches, silbernes Gerät hervor. Eines, das wohl mit Mühe SMS empfangen, aber sicher keine Fotos machen kann. Wer nicht immer das neueste Ding kaufe, spare Ressourcen, gerade diese Metalle, die so selten sind und für deren Produktion irgendwo Menschen sehr leiden müssen. Sie jedenfalls, sagt Szech, wolle nicht in einer rein selbstbezogenen Welt leben, in der die Umwelt nicht von Belang ist. Ist das nicht naiv?

Na ja, zum einen, sagt sie, gebe es ja viele integere Menschen: Es hätten ja doch immer noch recht viele ihre Maus leben lassen, selbst wenn 50 Euro geboten wurden. Für die Übrigen gelte: Empathie lasse sich ja lernen, das zeigten Forschungen der Wissenschaftler, mit denen sie zusammenarbeitet: „Tröstlich!" Und zum anderen sei es auch egal, wie das Wesen der Menschen mehrheitlich sei: Das Miteinander lasse sich ja auch über Regeln gestalten. „Das tun wir ja auch und das finde ich richtig." Die marktliberalen Kollegen schlucken da heftig.

Wobei Regeln aber nicht nur ein menschenfreundlicheres Umfeld schafften, sondern die Leistung befördern könnten, sagt Szech: „In der Champions League sehen wir das ja bei K.-o.-Spielen mit der doppelten Zählung von Auswärtstoren". Als BVB-Anhängerin kann sie mitreden in Fußballangelegenheiten. „Je nachdem, wie man mit einer Pattsituation umgeht, kann dies enorme Auswirkungen haben", habe eine neue Untersuchung gezeigt. Auch bei Bewerbungen.

In Deutschland bekommen bei gleicher Eignung Mitglieder benachteiligter gesellschaftlicher Gruppen, etwa Frauen oder Menschen mit Handicap, den ausgeschriebenen Job. „Das ist nicht nur politisch korrekt, sondern führt auch zu positiven Anreizen für alle Bewerber", sagt Szech, die solch ein Verhalten auch in mathematische Formeln überführt. Ob beim Fußball oder den Bewerbungen: Dahinter stecke der Gedanke, dass vermeintlich Schwächere üblicherweise eine größere Leistung erbringen müssen, um das gleiche Ziel zu erreichen. „Wenn Frauen glauben, dass sie eine echte Chance haben, steigern sie ihren Einsatz." Im Gegenzug würden sich aber auch Männer als vermeintlich stärkere Bewerber mehr anstrengen.

DARF MAN DAS EXPERIMENT MIT DER ECHTEN WELT VERGLEICHEN?

Das Streben nach Anerkennung und letztlich Erfolg spielt auch in einer anderen aktuellen Untersuchung eine Rolle. Sie legte den Probanden einen Wissenstest vor, wieder waren Mäuse im Spiel, die eigentlich getötet werden sollten. Es galt: Je besser der Proband im Test abschneidet, desto unwahrscheinlicher ist die Rettung der ihm zugeteilten Maus. Ziemlich viele waren bereit, schlechte Tests abzuliefern, einige kreuzten offensichtlich Falsches an. Dann kam die Anerkennung, das Ansehen ins Spiel, weil Szech das Ganze den Probanden nun explizit als „IQ"-Test verkaufte – die Bereitschaft die Maus zu retten sank signifikant. „Dieses Streben nach Exzellenz und Anerkennung ist ähnlich dominierend wie das Streben nach Geld", sagt Szech. Je exzellenter man selbst ist, desto mehr Tiere sterben, desto unmoralischer verhält man sich. Aber darf man das Experiment mit der echten Welt vergleichen? Das darf man schon, sagt Szech, mit dem Herumtricksen bei VW-Motoren zum Beispiel: Die Ingenieure wollten Anerkennung, auch wenn sie unmoralisch erkauft worden war.

Und die ganzen Mäuse? Was passiert eigentlich mit diesen Tieren, die ihr Weiterleben moralisch integeren Studenten verdanken? Die hätten ein gutes Leben, sagt Szech lächelnd. In kleinen Gruppen lebten die, so wie sie es mögen, dazu „super Bodenstreu", der nicht staubt und sich gut anfühlt. Ja, so gut gehe es diesen Mäusen, dass viele von ihnen älter werden, als erwartet. Bald geht das Geld für ihre Altersversorgung zur Neige. Aber wie sagte Szech vorher? Das Professorsein habe zwar manch schwierige Seiten, all der Papierkram etwa. Aber dank des Papierkrams und des Chefseins komme man auch viel leichter an Personal und Budgets. Und damit wohl auch an ein paar Extra-Euro für die Mäuse-Pension.   *Max Hägler*

ZWEI LIEBLINGSBÜCHER Nora Szech empfiehlt „Who Gets What – and Why: The New Economics of Matchmaking and Market Design" von Alvin Roth. „Der Nobelpreisträger beschreibt mein Wissenschafts-gebiet und die davon betroffenen Lebensthemen – vom Dating bis zum Nierentausch – sehr anschaulich. Hier kann auch ein Nicht-Wirt-schaftsmensch verstehen, was wir tun und wieso wir es tun." Und wie steht's mit der Belletristik? „Ein fliehendes Pferd" von Martin Walser ist ihr Tipp, die Geschichte zweier Paare, die sich am Bodensee treffen. Schon vierzig Jahre alt, aber immer noch so packend: von der Sprache, von den psychologischen Verstrickungen, die fein erzählt sind. Szech ist begeistert: „Bei jedem Lesen findet sich wieder eine neue Ebene, eine neue Verbindung."

Die besten Seiten der **Streitkultur**

Wir brauchen die Flüchtlinge!
ISBN: 978-3-86497-334-5
88 Seiten | 4,90 €

Lang lebe der Euro!
ISBN: 978-3-86497-080-1
72 Seiten | 4,90 €

Noch nie haben sich so viele Flücht-linge auf den Weg nach Europa gemacht wie im Jahr 2015. Sie sind nicht wirklich willkommen, erst recht nicht nach den Terroranschlägen von Paris und den Übergriffen von Köln. Aber die Angst vor dem Fremden verstellt den Blick auf die Chancen der Zuwanderung.

Der Euro ist unser Schicksal – die Zukunft der gemeinsamen Währung entscheidet über Wohlstand und Sicherheit in Deutschland, in Europa. Es geht um den Kern des Systems, wirtschaftlich, politisch und emotio-nal. Dafür lohnt es sich zu kämpfen.

Eine Frage der Gerechtigkeit!
ISBN: 978-3-86497-177-8
64 Seiten | 4,90 €

Diese Wirtschaft tötet
ISBN: 978-3-86497-208-9
48 Seiten | 4,90 €

Die gegenwärtige Steuerpolitik belastet Durchschnittsverdiener am meisten. Große Konzerne und Vermögende dagegen drücken sich gerne mal vor ihren Pflichten. Plädoyer für ein faires Steuersystem – unideologisch, pragmatisch und gerecht.

Diese Wirtschaft tötet, sagt Papst Franziskus und nicht etwa Karl Marx. Sie tötet, weil sie den Profit über den Menschen stellt. Längst ist sie zu einer Art Religion geworden. Aber sie ist nicht heilig und eine Wirtschaft, die dem Leben dient, ist möglich.

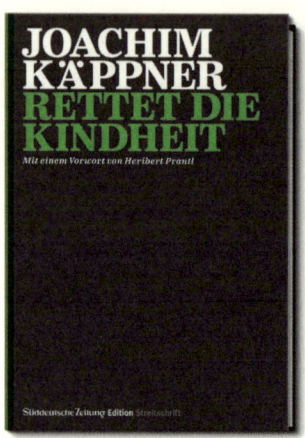

Rettet die Kindheit
ISBN: 978-3-86497-294-2
40 Seiten | 4,90 €

Die Irrtümer des Kremls
ISBN: 978-3-86497-300-0
64 Seiten | 4,90 €

Nichts gegen die Kindheit, aber muss sie so lange dauern? In der Leistungsgesellschaft wird das Kind zum Objekt, überfrachtet mit den Anforderungen und Wünschen der Eltern und der Politik. Aber eine Kita ist kein Assessment Center und die Schule kein Trainingsgelände für spätere Eliten. Lasst die Kinder in Ruhe!

Bedeutet der Anschluss der Krim an Russland die Wiederherstellung der historischen Gerechtigkeit? Kämpfen im Donbass Russen für die Befreiung von ukrainischer Repression? Hat die Nato den Konflikt geschürt? Thomas Urban sieht besonders die Deutschen in der Pflicht, zu einer Lösung des Konfliktes beizutragen.

**Das Internet zwischen Diktatur
und Anarchie**
ISBN: 978-3-86497-301-7
62 Seiten | 4,90 €

Wir sind viele
ISBN: 978-3-86615-999-0
48 Seiten | 4,90 €

Das Internet macht die Welt demokratischer – diese Annahme gilt nicht
mehr. Auf die Begeisterung für neue
Möglichkeiten der Mitsprache folgt
Ernüchterung. Zehn Thesen, wie
die Eigenheiten des Netzes mit der
Demokratie kollidieren und was nun
zu tun ist.

Der Zorn gegen den Finanzkapitalis-
mus, der die Menschen gepackt hat,
ist mehr als Wut. Zornige Menschen
wollen nicht akzeptieren, dass es
angeblich keine Alternative gibt. Sie
stellen zornige Fragen – und damit
beginnt Veränderung.